Hans Ernst
Aus verklungenen Zeiten

Hans Ernst

Aus verklungenen Zeiten

Kurzgeschichten

rosenheimer

Inhalt

Frühling	7
Hoagascht	15
Sommermorgen	22
Der alte Besenbinder	42
Die Mütter	52
Der Klostergang	59
Die Perle	71
Die Hellseherin	95
Manöversünd	114
Allerheiligen	125
Um die Winterszeit	135
Tante Mina	152
Die große Narrenzeit	169
Begegnungen im Park	190

Frühling

Die Nacht liegt über dem Dorf. Der Wind, der lautlos von den Bergen über die schwarzen Wälder herunterstreicht, ist lau und riecht ein bißchen nach Altschnee, wie er noch in den Felsscharten gefangen liegt. Sonst aber ist die Herrschaft des Winters bereits gebrochen. Der Jüngling Frühling mit dem Vornamen »Lenz« ist schon mit gewaltigem Schritt über das Land gegangen und hat seinen Atem über Wiesen und Felder hingehaucht, hat die Weidenstauden zum Blühen gebracht, die Vögel aus ihren Nestern gelockt und auch sonst allerhand Unfug getrieben. In diesem Frühling liegt nämlich eine ungeheure Kraft, er treibt wie ein Hefeteig, setzt so vieles in Bewegung und erweckt bei Mensch und Tier eine sonderbare Lust. Die Kater schleichen mit jämmerlichem Gejaule um die Höfe. Sie sind liebeskrank wie die Hirsche zu herbstlicher Zeit in den Bergwäldern.

Am Samstagabend sitzen die Burschen im Wirtshaus. Sie haben ihre Arbeitskraft an die Wochentage verschenkt, aber nun werden ihre Herzen wach und sind durstig nach Liebe. Unter ihnen sitzt auch der Holzknecht Gabriel, ein bärenstarker Kerl von sechsundzwanzig Jahren. Er hat sich im Häusl der Mutter alles Baumpech und was ihn sonst die Woche über im Wald so angeflogen hat, abgewaschen, sitzt in seiner grauen Trachtenjoppe am Biertisch und glänzt förmlich vor Sauberkeit. Als einziger hat er ein grünes Zweiglein unter sein Hutband gesteckt zum Zeichen seiner Würde als freier Holzknecht. Darauf ist er stolz, denn er ist keinem Herrn untertan und auch nicht dem Forstamt. Er ist sozusagen Freischaffender und übernimmt Holzeinschläge für Bauern im Akkordlohn. Manchmal drückt er auch das linke Auge zu und läßt es schnallen. Aber das hat ihm noch niemand beweisen können. Er tut es auch nur, wenn seine Mutter sagt, daß wieder einmal ein Haserl recht wäre fürs Ofenrohr, oder ein Rehschlegerl in die Beize.

Vor sich hat Gabriel ein Bierkrügel stehen mit einem Zinndeckel, das die Kellnerin immer mit Zinnkraut zum Glänzen bringt. Wenn Gabriel den Deckel öffnet, lächelt ihm auf der Innenseite das Bild des Märchenkönigs Ludwig II. entgegen.

»Prost Ludwigl«, sagt Gabriel dann und nimmt einen tiefen Schluck. Er bestellt sich vier Dicke, ißt davon drei und läßt die vierte in der Joppentasche verschwinden. Man weiß nie, wann man sie braucht.

Es geht lustig zu. Gabriel weiß immer einen Witz, er ist überhaupt ein lustiger Kerl und ein sauberer dazu. So um zehn Uhr herum bezahlt er und tritt hinaus auf die Straße. Die Frühlingsnacht umfängt ihn mit ihrem ganzen Zauber. Eine Weile steht er unschlüssig und schaut zu den Sternen hinauf. Aber die geben ihm auch keine Antwort auf die Frage, wo er die unter der Woche angesammelten Gefühle hintragen soll, zur Kistler-Kathi oder zur Obermaier-Vroni. Er steht und sinnt. Muß er das Gedränge in seinem Blut denn wirklich losbringen? Ja, er muß, denn er ist jung und der Frühling ist so drängend.

Gabriel beginnt das Orakel an den Knöpfen seiner Joppe zu fragen. »Soll ich? Soll ich nicht?«

Ja, er soll schon. Er hat ja auch die Wurst in der Joppentasche. Seine Schritte klappern auf der Dorfstraße. Erst als er dann in ein Seitensträßl einbiegt, tritt er vorsichtiger auf, beginnt sozusagen auf den Zehen zu gehen. Trotzdem fängt der Hofhund an zu knurren.

»Stad sein, Tirassl, schön stad sein, kennst du denn den Gabriel nimmer?« Gabriel langt in seine Joppentasche nach der Wurst. Ohne noch einen Laut zu geben, zieht sich der Hund unters Vordach zurück.

Der Hof liegt dunkel und verschwiegen. Gabriel holt sich die Leiter aus dem Schupfen und lehnt sie unter ein gewisses Fenster. Auf der dritten Sprosse bleibt er stehen und überlegt, ob er erst letzten Samstag hier gewesen ist oder ob das schon vierzehn Tage her ist. Er muß es sich tatsächlich immer aufschreiben jetzt, damit er ja nichts durcheinander bringt. Dann steht er oben, macht die Fingerspitzen naß und fährt damit am Fenster auf und ab. Das gibt ein jämmerliches Geräusch nach innen hin. Gabriel lächelt, als er die tappenden Schritte drinnen hört. Das Fenster wird geöffnet, und zwei Mädchenhände langen nach seinem Gesicht.

»Grüß dich, Vronerl«, flüstert er.

»Ja, grüß dich, Gabriel. Wieviel ist es denn schon?«

»Erst viertel nach zehn.«

Die Vroni seufzt und denkt, daß es dann immer noch vier Stunden sind, die sie mit ihm beisammen sein kann. Bereitwillig greift sie unter seine Arme und hilft ihm herein.

»Aber husch, husch, gleich wieder ins Betterl«, sagt Gabriel. »Net daß du dich meinetwegen erkältest.«

So fürsorglich ist er. So behutsam. Er setzt sich auf

ihre Bettkante und schnürlt seine Schuhe auf. Dann neigt er sich über ihren Mund und küßt ihn.

»Du riechst nach Bier«, sagt das Mädchen.

Das will Gabriel nicht auf sich sitzenlassen. Er selber ist ja auch empfindlich in dieser Hinsicht und hat schon einmal eine sitzenlassen, weil sie immer so aus dem Mund gerochen hat. Darum tastet sich Gabriel zur Kommode hin, auf der ein Wasserkrug und eine Schüssel stehen. Er nimmt einen Schluck Wasser aus dem Krug, gurgelt ein wenig und schluckt das Wasser hinunter. Die Vroni soll nicht mehr sagen können, daß er nach Bier riecht, als er ihr zuflüstert: »Jetzt ruck ein bißl, Herzerl, daß ich auch noch Platz hab'.«

Ganz gierig ist Gabriel heute. Das mag sicher am Frühling liegen. Es ist wie ein Fieber, und darum wird Gott es nicht gleich als etwas Fluchwürdiges sehn und die ewige Verdammnis aussprechen, denn er hat doch die Menschen dazu erschaffen, daß sie sich lieben. Es kommt bloß immer darauf an, wie seine Menschenkinder dieses große Wort Liebe auslegen. Mit der Liebe ist es wie mit einer Rose. Die braucht Wasser, Luft und Sonne. Die Liebe Achtung voreinander, Treue und Beständigkeit. Ach ja, es ist nicht immer leicht, allem gerecht zu werden, was um der Liebe willen befolgt sein soll. Niemals soll man die Liebe leichtnehmen wie den Wind, oder wie sie dieser Gabriel gibt und nimmt.

Hernach ist er müd und schläft ein. Wahrhaftig, er schnarcht der Vroni was vor. Und das Mädchen liegt neben ihm, hat die Hand unters Kinn gestützt und betrachtet seine männlich schönen Züge, soweit es die

Dunkelheit in der Kammer zuläßt. Sie furcht die Stirne, denn gerade heute hat sie es auf was ankommen lassen wollen. Sie nimmt zwei Finger und hält ihm die Nasenlöcher zu. Sofort hört er auf zu schnarchen und kommt einen Moment zu sich.

»Geh, Katherl«, murmelt er. »Warum weckst mich denn auf. Grad hab' ich so schön geträumt.«

Das ist zuviel für das Mädchen, denn auch eine kleine Magd kann einen großen Charakter haben. Sie rüttelt ihn an den Schultern. »Wie sagst du zu mir? Katherl sagst du?«

Jetzt ist er hellwach. Aber Gabriel ist nie verlegen. Wenn ein stürzender Baum zwischen zwei Äste gerät, dann weiß Gabriel sich zu helfen. Soll er vielleicht hier in eine Zwickmühle geraten? Er stützt sich auf den Ellbogen und streichelt ihr mit der Hand übers Haar.

»Hörst denn du net gscheit, Vronerl. Katzerl hab' ich g'sagt. Und du bist doch mein Katzerl. Mein Schmeichelkatzerl, oder net?«

»Ja, ich weiß net, ob ich dir traun darf.«

Ihre Stimme ist ein bißchen kläglich. Mißtrauen ist auf einmal erwacht. Sie dreht an dem dünnen Ring mit dem blauen Stein, den er ihr zu Ostern geschenkt hat. Echt Aquamarin, hat er gesagt und hat das Wort gar nicht richtig aussprechen können.

»Ob du mir traun darfst, fragst du mich?« sagt er mit traurigem Klang in der Stimme und streichelt dabei mit zwei Fingern seinen Bart. »Jetzt so eine Frag. Auf mich kann man vertraun wie der Baum auf seine Äst.«

»Ja, aber du hast nie mehr etwas g'sagt vom Heiraten.«

»Wann hätt' ich das g'sagt?«

»Zu Ostern, wie du mir das Ringerl gschenkt hast.«

»Da kann ich mich überhaupt auf nichts besinnen.«

»Du hast gsagt, Dirndl, gheiratet wirst.«

»Das kann schon sein, aber dabei hab' ich doch net an mich denkt.«

»Ah, so einer bist du. Jetzt kenn' ich mich aus. Jetzt schaust aber gleich, daß du nauskommst.« Mit zwei Fäusten schiebt sie ihn aus ihrem Bett.

»Nur langsam«, brummt er. »So schnell schieß'n die Preuß'n net. Zuerst muß ich mich wieder anziehn.«

»Du brauchst dich gar nimmer lang anziehn«, schluchzt die Vroni, packt seine Sachen und wirft sie zum Fenster hinunter.

»Jetzt so was«, staunt er. »So was ist mir in meiner Praxis auch noch net passiert.« Im Hemd muß er zum Fenster hinaus und die Leiter hinunter. Drunten schlüpft er in seine Sachen und stellt dann fest, daß die Schuhe fehlen.

»Vronerl, meine Schuh«, ruft er heiser hinauf.

Aber das Fenster ist geschlossen. Die Vroni hört nichts mehr. Sie hockt auf dem Bettrand und weint und nimmt die salzigen Tränen mit ihrem Mund auf. »Grad recht gschieht mir«, schluchzt sie. »Warum hab' ich 's Fenster aufgemacht.« Sie zerrt das Ringlein vom Finger und wirft es an die Wand. Der Aquamarin ist pures Glas. Gabriel kauft solche Dinger immer auf dem Jahrmarkt, das Stück für eine Mark. Gleich sechs Stück nimmt er immer. Drei rote Steinchen, drei blaue. Man kann nie wissen, wie man sie einmal braucht.

Barfuß schleicht er über die Wiesen heim. Das junge

Gras ist doch verdammt kühl. Aber das stört ihn weniger. Er denkt vielmehr an seine noch fast neuen Haferlschuhe, die er zurücklassen hat müssen.

»So ein Mistviech«, brummt er für sich hin. Nein, so was hinterhältiges. Und er hat gemeint, diese Vroni sei das gütigste Wesen der Welt. In Zukunft wird er immer zuerst prüfen, wo so ein Mädl das Herz sitzen hat, im dunkelsten Winkel ihrer Brust, oder ganz in der Nachbarschaft ihrer Seele.

Erst als es vom Kirchturm Mitternacht schlägt, wirft sich die Vroni auf die andere Seite hinüber und kann einschlafen. Der Bauer muß zweimal mit harten Knöcheln um vier Uhr in der Früh an ihre Türe pochen, bis sie endlich Antwort gibt.

Dann geht er hinunter, schiebt den Riegel der Haustüre zurück und tritt ins Freie. Der Tag ist gerade im Erwachen. Noch blinzeln zwar einige Sterne hoch oben, aber dann erlöschen auch sie. Der Bauer blinzelt umher und reibt sich die Augen. Die Sonne ist noch nicht da, aber sie schiebt schon ihren rötlichen Glanz hinter den Bergen herauf und weckt die steinernen Riesen aus ihrem Schlaf. Ein Windstoß weht von den Wäldern herunter und bringt das junge Laub ins Rascheln. Der Bauer macht den Hals ein wenig lang und sieht unter dem Magdfenster die Einschnitte einer Leiter. Er schnauft ein paarmal tief durch und greift mit der Unterlippe nach seinem Schnauzbart hinauf, um dann vor sich hinzubrummen: »Jetzt hab' ich g'meint, die Vroni wär keine solchene.«

Aber was soll er machen? Krach schlagen? Es hilft nicht viel, denn diese jungen Weiber sind recht gschnappig. Die Vroni könnte ihn fragen, was ihn ihr

Körper anginge, oder was sie in den Nächten mache. Außerdem, ist er nicht auch einmal jung gewesen und im Frühling direkt brunstig gewesen vor Verlangen? Warum soll es jetzt anders sein? Nichts überliefert sich so sicher wie der Gang in der Nacht zur Liebsten.

Hinter ihm scheppern die Milchkübel. Der Bauer wendet den Kopf. »Gut'n Morgen, Vroni.«

Er bekommt keine Antwort. Das Mädchen verschwindet mit dem Milchgeschirr im Stall, setzt sich unter eine Kuh und zwickt den Eimer zwischen die Knie. Sie hat nicht ausgeschlafen und schließt die Augen, während die ersten Strahlen der weißen Milch zwischen ihren Fäusten in den Melkeimer zischen.

Nein, ausgeschlafen hat die junge Magd gewiß nicht. Aber sie ist nicht zerbrochen und wird auch nicht zusammenbrechen. Es ist noch nicht alles verloren, denn es wird schon wieder ein Frühling kommen und auch ein anderer Mann, der ihr keinen billigen Jahrmarktsring an den Finger steckt, sondern einen ganz glatten, runden von goldenem Glanz, wie es der Pfarrer gerne sieht, wenn er die Stola über die Hände zweier Menschen legt und ihnen dabei sagt, daß sie einander treu sein sollen, bis daß der Tod sie scheidet.

Davon träumt die Vroni, während sie ihren Kopf an den weichen Leib der Kuh gelegt hat. Aber wenn es geschieht, dann soll es auch im Frühling sein.

Hoagascht

Würde man von einem Norddeutschen verlangen, er solle das Wort »Hoagascht« richtig aussprechen, er wird sich wahrscheinlich recht schwer damit tun. Selber muß man aber dann froh sein, wenn er nicht zurückfragt, was denn ein »Hoagascht« überhaupt sei, weil es ja mancher Einheimische selber nicht weiß. Nostalgie könnte der eine raten, oder dann gar im Duden nachsuchen. Aber da steht es auch nicht drinnen.

Hoagascht, das ist etwas ganz Althergebrachtes. Hoagart'n haben wir damals, vor sechzig und mehr Jahren gesagt, und es ist nichts anderes gewesen als ein wöchentliches Zusammenkommen junger und älterer Menschen auf irgendeinem Bauernhof der näheren Nachbarschaft, zu einem Tratsch, zum Singen, zu Spielen und Erzählungen von alten Sagen, die man, wenn man noch jung ist, glaubt und über die man im Alter still lächelt. Man hat ja sonst nichts gehabt. Es gab kein Fernsehen, kein Radio, in manchen Gegenden nicht einmal elektrisches Licht.

Heute könnte man nur noch schwer zu einem solchen Hoagascht zusammenkommen, es sei denn, er würde von einem Trachtenverein organisiert und in der Zeitung angezeigt. Und da muß man dann Glück haben, dreißig oder vierzig junge Menschen zusammenzubringen, denn es könnte ja sein, daß an diesem Abend ausgerechnet ein Western im Fernsehen läuft oder eine Krimiserie oder sonst eine Sendung, die man gesehen haben muß, um »in« zu sein.

Das alles gab es ja damals noch nicht. Man war gezwungen, die Gemeinschaft zu suchen, sich aufeinander einzustellen, ein bisserl Abwechslung in das eintönige Bauernleben zu bringen. Damals gab es ja auf den Bauernhöfen noch Knechte und Mägde, arme Sklaven der Erde, die um wenig Lohn lange und hart arbeiteten. Sie hatten Sehnsucht nach ein bißchen Geborgensein im Kreise Gleichgesinnter.

Im Sommer kam man ja weniger zusammen. Da saß man nach dem oft fünfzehnstündigen Arbeitstag am liebsten auf der Hausbank, rauchte seine Pfeife und sah zu den Sternen hinauf, zu diesen verlässigen Himmelslichtern, die unbeirrbar ihre Bahn ziehen, heute noch genau wie damals.

Wenn sich aber das Jahr neigte und der Gott des Herbstes durch die Wälder ging wie ein Maler und alles Laub zu einem Farbenrausch verwandelte, dann fingen wir schön langsam an zu hoagaschtln.

Die Hauptzeit aber war der Winter. Wo sind sie nur hingekommen, die geheimnisvollen Adventsnächte, wenn draußen der Schnee bis zu den geschlossenen Fensterläden reichte. Du stapfst durch die schwarze Finsternis auf das Haus zu, stampfst vor der Tür deine Stiefel ab und bist dann in die Stube getreten.

»Grüß Gott beinand«, sagst du und legst deine Hände einen Augenblick an den mächtigen Kachelofen. An den Stangen, die an eisernen Trägern über dem Ofen sind, hängen wollene Fäustlinge und ein paar Schals. Aus dem Ofenrohr duften Bratäpfel. Am kleinen Austraglertisch sitzt bereits der Brandl-Simmerl und stimmt seine Zither. Recht viel kann er ja nicht, und er leitet den Abend immer ein mit dem

Stück »Der Weg zum Herzen«, das er selbst stets als »Der Gangsteig zum Herzerl« bezeichnet.

Ja, dann schaute man sich um, wer alles da war. Vorne am Tisch unterm Herrgottswinkel saß meistens die Bäuerin mit dem Weibsvolk. Die strickten oder saßen am Spinnradl. Die Burschen suchten sich schon einen Platz. Die niedere Bank zog sich die ganze Wand entlang. Man erzählte zwar über die Arbeit der Woche, hatte aber bereits sein Feierabendgesicht, sein Samstagsgesicht sozusagen aufgesetzt: frisch gewaschen, gekampelt und, wenn's schon so weit war, auch rasiert. Das Herz war so erwartungsvoll, und immerzu zupfte der Simmerl auf der Zither, ganz leise und meist Selbstimprovisiertes.

Wir Burschen begannen dann mit Fingerhakeln und eine Weile später mit Stockschlagen. Letzteres wurde mit großer Hingabe betrieben. Die Resi saß dann auf der Ofenbank, und der Delinquent mußte seinen Kopf zwischen ihre Knie legen, damit er nicht sehen konnte, wer ihm von hinten auf sein verlängertes Rückgrat haut. Und wie! Grad gekracht hat es! Von der schweren Arbeit haben die Burschen oft Pratzen gehabt, so groß wie Abortdeckel. Hatte man dann den Schläger erraten, so mußte dieser zwischen die Knie der Resi. Dort wäre es sonst sehr schön gewesen, wenn die andern, wie gesagt, nicht so narrisch zugehauen hätten. Den Huber-Hausl hab' ich einmal erwischt, der hat sogar einen Lederpantoffel in der Hand gehabt.

Ich hatte bei der Resi zum Glück einen Stein im Brett. Ich tat ihr immer leid, wenn ich in ihren Knieschraubstock mußte, und wenn sie mich dann einmal in die Schulter kniff, dann war es gewiß der Hofinger-

Anderl. Kniff sie mich zweimal, dann war es der Kistler-Peter und so weiter. Die andern wunderten sich oft, daß ich es immer gleich aufs erste Mal erraten habe. Aber ich erklärte ihnen, daß ich eben einen siebten Sinn hätte. Der Resi gegenüber habe ich mich dann schon erkenntlich gezeigt bei der nächsten Gelegenheit. Sie war so dankbar für ein Bußl. Aber wir konnten es beide nicht recht, es hat die letzte Vollendung gefehlt.

Es wurde zugehauen, bis wir müd waren und die Mädchen sich ausgelacht hatten. Anschließend wurde gesungen. Der Merkl-Toni stimmte mit seiner hellen Tenorstimme an: »Jetzt fangt das schöne Fruahjohr o.« Dann fielen die andern Stimmen drein, die Mädchen glockenrein, die Männer dunkel. Der Koller-Mich, der hat einen Baß gehabt, daß man meinte, eine Orgel dröhne im Hintergrund. Die Bäuerin legte dann den Altöttinger Liebfrauenboten weg, in dem sie gelesen hatte, und sang auch mit. Es waren lauter ungeschulte Stimmen, keiner kannte eine Note, und doch war es ein Klangkörper von unerhörter Schönheit, nichts war gekünstelt. Um jene Zeit war der Kiem-Pauli bereits unterwegs und sammelte alte Volkslieder. Schade, daß er uns nicht gehört hat. Besonders gut gelang uns immer das Lied von jener Rosemarie, nach deren Herz einer sieben Jahre lang schrie. Nur die alte Moidl sang nie mit. Sie saß zusammengekrümmt in der hintersten Ecke beim Ofen und ließ die Perlen eines Rosenkranzes durch ihre gichtigen Finger gleiten. Man hörte nichts, nur ihre Lippen bewegten sich. Ich glaub', die hat auch im Schlaf noch um eine glückselige Sterbstund gewispert.

Und was die Liebe anging, so ganz zu kurz kam sie auch nicht. Der Rauch unserer Pfeifen war wie ein Nebel unter der Stubendecke und machte das Lampenlicht ganz blaß, daß es bis in den hintersten Winkel der Stube gar nicht mehr reichte, wo der Hauser-Pepperl seine Hände spazierengehen ließ, bis die Schoberer-Nandl ängstlich flüsterte: »Need, Pepperl, wenn ins oa Mensch siagt.«

Und die Zither klimperte leise, fast wehmütig oder sehnsüchtig, wie man es gerade empfand. Da konnte es der Mariann, der Großdirn vom Hof schon einfallen, daß die »Bläß« draußen im Stall schon »umeinanderdeddeln« könnte, weil sie schon über die Zeit trächtig war und jeden Moment kalben mußte. Sie blinzelte mir mit dem linken Auge zu und sagte mit fast übertriebener Freundlichkeit: »Magst mir ned die Latern halten, Hanse?«

Die Kuh dachte noch gar nicht daran zu kalben, aber die Mariann stand so unternehmungslustig da und sagte mir, ich solle die Laterne aufs Pflaster hinstellen, damit nichts passiert. Sie hatte Arme wie ein Bräuknecht und konnte drücken, daß einem fast die Luft ausging.

»Bei mir brauchst dir nix denka«, beruhigte sie rasch, »i woaß ma scho' z'helfa.«

Hernach, als wir dann wieder in die Stube zurückgingen, zupfte sie im Gang heraußen schnell noch ein paar Strohhalme von meiner Joppe, und zur Bäuerin sagte sie dann: »De Bläß tuat no nix dergleiha. Werd se no Zeit lass'n bis morg'n fruah.«

Dann wurde es ruhiger in der Stube. Die Kuckucksuhr schlug die zehnte Stunde, die Bratäpfel waren auch aufgegessen, und der Bauer kam vom Samstagsbier aus dem Dorf heim. Er streifte dann stets den Rucksack von der Achsel und warf ihn einer Magd zu. »Trag's naus in d' Speis. 's Sonntagsfleisch is drinn. Der Metzger werd a allweil teurer. Jetzt verlangt er für a Pfund Rindfleisch scho fuchzig Pfenning. Aber warum seid's denn auf oamoi so stad? Simmerl, laß oan rausch'n.«

Aber der Simmerl hatte seine Zither schon eingepackt. Nein, es war jetzt nichts Rechts mehr. Der Bauer war über die Jugendjahre längst hinaus und hatte vergessen, daß auch für ihn so ein Hoagascht einst wie Sonnenleuchten in einem kargen Leben gewesen war. Jetzt interessierte ihn mehr die Politik.

»De Sozealdemokrat'n«, erklärte er uns. »De mandeln sich ganz schö auf. Da derf ma ins bei der näxten Wahl scho auf d' Füaß stelln. Daß ma fei jeder de boarische Volkspartei wählt, wia sich's g'hört, sunst is bald aus mit an Hoagascht.«

Wir verstanden von Politik überhaupt nichts. Aber wenn der Bauer so meinte, dann würde es schon recht sein. Der Pfarrer sagte ja auch so was. Bei ihm hieß es aber Zentrum.

»Also, des nachstemoi beim Obermoar«, sagte der Huber-Hausl. Wir antworteten nichts, nickten nur. Bei uns gab es keine langen Diskussionen oder gar eine Abstimmung. Hauptsache, man war wieder einmal zusammen nach einer Woche mühevoller Arbeit.

Dann stapften wir in die dunkle, kalte Nacht hinaus. Der Mond war inzwischen hochgestiegen und lag mit seinem Silberglanz über dem weißen Schnee.

Schließlich war ich in meiner Kammer und hatte

ganz vergessen, daß die Mariann die hintere Stalltür offenlassen wollte. Es war bitterkalt, und die Kammerfenster waren voller Eisblumen. Ich schlug das Deckbett zurück. Der Strohsack darunter hatte eine Mulde. In diese Mulde kuschelte ich mich hinein und zog fröstelnd die schwere Zudecke bis zum Kinn herauf. Gleich würde es warm sein, und ich lächelte still in das Dunkel hinein bei der Erinnerung an den Hoagascht beim Kuchlerbauern zu Öd.

Sommermorgen

Wie sie hinter den Bergen heraufschlüpft, ganz langsam, wie aus unendlichen Tiefen kommend, so als warte sie noch auf jene Minuten, die ihr bestimmt sind, ihr Haupt über das Gebirge heraufzuheben. Wie zum Gruß schickt sie ein paar purpurne Strahlen voraus, mit denen sie die Bergspitzen wie mit einem rötlichen Schleier überflutet.

Es ist kein Morgenrot im üblichen Sinne, nein, Gott sei Dank nicht, denn sonst müßte es den Bauernregeln nach ja am Abend regnen. Und das darf nicht sein, denn die Bauern haben mit der Heumahd begonnen. Dann kommt sie endlich selber herauf, eine große, runde Scheibe, mächtig im Glanz, die Mutter Sonne, die alles Leben bewegt, ohne die alles sterben müßte, die Pflanzen und die Tiere und die Herzen der Menschen.

Die schwarzen Wälder unter den Bergen beginnen zu dampfen. Aus den Wiesen hebt sich der Nebel, zerteilt sich und flattert langsam hoch wie wehende Fahnentücher. Ein Windhauch treibt sie noch schneller, sie ziehen über die Berge hinweg endgültig davon. Der Himmel darüber ist jetzt blau, nur ein einziger Stern steht noch im Süden, aber dann verblaßt auch er. Der Tag ist jetzt da, der Sommermorgen, in dem soviel Ruhe liegt, soviel Feierlichkeit und eine unendliche Geduld, mit der er fast ängstlich darauf wartet, bis die Stille vom Tagleben gebrochen wird.

Das erste, das sich rührt, ist der klingende Ruf eines

Kuckucks vom Wald herüber. Er hallt fast dröhnend durch diese Stille, und man möchte kaum glauben, daß in der Kehle dieses kleinen Vogels soviel Kraft steckt. Warum er wohl so eifrig schreit? Vielleicht ist er sehnsüchtig nach Liebe, so wie die Hirsche im Herbst. Man soll das Geld im Hosensack schütteln heißt es, wenn ein Kuckuck ruft, weil es dann nie ausgeht. Aber ich trage mein Geld nicht mehr im Hosensack herum, seit es mir bessergeht und die Bauern den Hut vor mir ziehen. Ich habe jetzt eine lederne Börse oder eine Brieftasche.

Ich weiß selber nicht, warum ich mit dem Älterwerden allen Geschehnissen tiefer nachdenke und für alles eine Deutung suche. Was geht mich der Kuckuck an? Ich sitze auf der Hausbank, habe ein Glas Milch getrunken, weil ich grundsätzlich nüchtern nicht rauchen mag. Jetzt schmeckt mir die Zigarette, und ich sehe verträumt den blauen Wölkchen nach, die über die Ligusterhecke hin davonschwimmen.

Im Haus ist es noch ganz still. Alles schläft noch. Wahrscheinlich sind sie gestern wieder bis Mitternacht vor dem Fernseher gesessen. Hätte ich nur diesen Kasten nicht gekauft. Reiner Ehrgeiz hat mich dazu getrieben, der erste im Dorf zu sein, der so einen Apparat hat. Er paßt gar nicht zu den Möbeln in unserer Bauernstube, aber dasein hat er müssen. Die Frau sagt, sie kann nebenher sogar häkeln oder stricken. Nun genießen wir auch das Glück, nicht mehr allein zu sein am Abend, denn da kommen die Nachbarn herüber. Sie streifen zwar vor der Haustüre ihre Pantoffeln ab und sitzen dann in Strümpfen auf der einen Seite des Kanapees mit ihrem Geruch nach Kuhstall. Aber das macht mir wenig aus. Vor dem Geruch ehrlicher Arbeit soll man nie die Nase rümpfen. Sie bringen der Frau auch immer ein paar Eier mit, oder ein Stückerl Halsgrat, wenn sie eine Sau geschlachtet haben. Und sie kommen ja auch nur, wenn ein bayrischer Heimatfilm gesendet wird. Ganz andächtig sitzen sie dann da, haben die müden Hände im Schoß gefaltet und schauen mit glänzenden Augen auf die Mattscheibe. Das wäre ein prächtiges Motiv für einen Maler. Für mich selber schon auch. Ich selber schau mir zwar immer bloß die Nachrichten an oder eine Oper, aber im Vorjahr hab' ich mir auch einmal einen amerikanischen Krimi angeschaut. Die Straßen von San Franzisko hat er geheißen. Der Hauptkommissar, der hatte da so einen blauen Sommermantel an. Der Mantel hat grad so geflattert, als er dem Verbrecher nachgelaufen ist. Ein Jahr darauf habe ich versehentlich auf den verkehrten Knopf gedrückt, und da war er wieder, immer noch im gleichen Mantel. Kann er sich denn wirklich keinen andern leisten, bei den Gagen.

Und gerade so was sehen die Meinen gern und denken gar nicht daran, daß unsere schönen Abende verlorengegangen sind. Kein lustiges Kartenspiel, kein Schach, keine tiefschürfenden Gespräche mehr, kein Ratsch mehr über die Ereignisse im Dorf. Und es wäre doch der Rede wert, wenn die Haberlin Vierlinge geboren hat, oder daß der Sägmüller Kainz, den fünften Sohn der Witwe Altinger, Theologie studieren läßt. Hat der Sägmüller vielleicht ein schlechtes Gewissen?

All diese Sachen bleiben ungesprochen im Haus. Wir haben uns nicht mehr soviel zu sagen wie früher. Und als ich einmal zu meiner Frau gesagt habe: »So ein

Fernseher ist oft Anlaß für eine verregnete Ehe«, da hat sie mich ganz groß angesehen und hat geantwortet: »Im Gegenteil, du schaust halt das nicht an, was schön ist. Wie die sich oft lieben und küssen.«

Ja, es ist alles ein wenig in Unordnung geraten. Ich meine, Großartiges kommt auf einen sowieso nicht mehr zu. Ich gehe immer früher schlafen, und meine Frau sagt dann am andern Tag: »Ich wollte dich nicht wecken, du schläfst so süß wie ein Kind, immer die Hand unter der Backe.«

Wir könnten eigentlich ruhig getrennte Schlafzimmer haben, wie es jetzt in modernen Ehen so Brauch ist. Aber wenn man schon über dreißig Jahre so nebeneinander schläft, dann kann man es nicht mehr anders.

Ja, über all das denke ich an diesem Sommermorgen nach. Ich kann über meine Hecke nicht hinübersehen, aber ich höre Schritte auf dem Schottersträßlein vorbeigehen. Es wird der alte Knecht vom Schoberbauern sein. Er trägt eine Sense über der Achsel. Sie ragt über die Hecke und blitzt im steigenden Sonnenlicht.

Nun wird es auch für mich Zeit, aufzubrechen. Ich lege noch einen Zettel auf den Tisch: »Weiß nicht, ob ich bis Mittag zurück bin.«

Es geht sich gut in der frischen Morgenluft. Ich steige schräg bergauf über eine Wiese, die sie gestern gemäht haben. Heute am Nachmittag werden sie das Heu einfahren. Es riecht betäubend, wie es so daliegt, vom Tau noch ein bißchen belegt. Ich bücke mich und nehme ein paar Stengel heraus. Es müssen gestern noch Margeriten gewesen sein in jungfräulichem Weiß. Jetzt sind sie grau und verdorrt. Man kann das

Orakel der spitzen Blätter nicht mehr befragen: »Sie liebt mich – sie liebt mich nicht?« So hat man früher gefragt, als man noch jung gewesen ist und unsicher in den Gefühlen.

Etwas abseits in einer Mulde liegt das Dorf. Aus den Kaminen der Bauernhäuser kräuselt sich Rauch. Der Kirchturm ragt wie ein zu Gott erhobener Zeigefinger in den morgendlichen Himmel. Ich sehe den Mesner neben der Friedhofsmauer hingehn und im Glockenhaus verschwinden. Gleich darauf läutet die Glocke. Ich weiß nicht, welcher Klang schöner ist, der, welcher direkt aus den Turmluken schwingt, oder jener, der aus dem Wald als Echo zurückrollt.

Schön ist alles und unendlich tröstend in dieser heiligen Morgenfrühe. Indes, sie dauert nicht lange. Die Traktoren fahren aus den Höfen auf die Wiesen heraus. Die Mähbalken werden rasselnd heruntergelassen und beginnen zu rattern und zu quietschen, dünne Rauchfäden ziehen hinter dem Auspuff her. Unweit von mir tuckert auch so ein Traktor über die Wiese. Der Bauer sitzt hoch oben, er braucht sich kaum zu bewegen, höchstens bei einer Kehre, wenn seine Hand nach dem Hebel greift, mit dem er den Mähbalken hebt und wieder senkt. Das Gras legt sich hinter ihm quer und breitflächig nieder, es gibt keine Mahd mehr im Sinne des Sensenmähens. Die Technisierung hat Lärm und Unruhe in das sonst so stille Bauernland gebracht. Es ist den Bauern ja gegönnt, aber seht, wie der Angermoser auf seinem Traktor sitzt, seine kurze Pfeife raucht und sich hin und her schütteln läßt. Später sitzt er wieder auf dem Traktor und streut mit einer andern Maschine das gemähte

Gras an. Am Nachmittag beim Einfahren ist es dasselbe. Alles erledigen die Maschinen. Jawohl, von Herzen sei es ihnen vergönnt, zumal es keine Knechte und Mägde mehr gibt. Höchstens ein paar ganz alte noch, krumm und brüchig, von kleiner Rente und Gnadenbrot lebend. Gott segne es ihnen.

Aber der Doktor hat mir kürzlich einmal gesagt, daß noch nie so viele Bauern zu ihm in die Praxis gekommen seien und über Bandscheibenschmerzen geklagt hätten. Ist ja kein Wunder, wenn sie auch sonntags noch mit dem Auto zur Kirche fahren. Der Bewegungsapparat des Körpers wird ja kaum mehr in Anspruch genommen.

Nein, es ist längst nicht mehr so wie früher. Als man von Maschinen noch nichts gewußt hat, da ist man hintereinander angestanden mit den Sensen, zu sechst, zu siebt und noch mehr. Da ist alles so lautlos gegangen, leise ist die Sense durchs Gras gerauscht und schweigend legte sich hinter dem Mäher die Mahd zusammen. Auch ich habe einmal in der Reihe gestanden, noch jung und gelenkig, und es war oft so früh, daß der Mond noch die Erde beglänzte, und wenn man die Sense aufgestellt hat, um sie zu wetzen, dann glänzte das blanke Eisen im Mondlicht.

Das alles fällt mir jetzt wieder ein, während ich am Wegrand hocke und die Stimmungen in mich hineinfallen lasse. Dabei muß ich auch denken, daß es vielleicht gar nicht so sehr im Sinn des lieben Gottes ist, so viele Maschinen in die Äcker zu stellen. »Im Schweiße deines Angesichtes sollst du dein Brot essen«, hat es doch geheißen – aber auf einem Traktor in der Mittagsglut schwitzt man auch ganz schön.

Die Vögel sind nun auch alle erwacht, trillern und pfeifen aus allen Büschen ringsum. Lange sehe ich einer Lerche nach, die sich jubelnd in den Himmel schraubt und dann plötzlich wie ein Stein herunterschießt. Ach, man sieht so vieles in so einer Morgenfrühe, was einen zum Nachdenken zwingt, ob man will oder nicht. Ich sehe einem kleinen schwarzen Käfer zu, der sich langsam an einem Grashalm hochzieht. Als er dann ganz oben ist, beginnt der Grashalm unter dem fremden Gewicht zu schaukeln. Ob der Käfer jetzt Angst bekommt und zurückkriecht. Keine Spur. Ganz still bleibt er sitzen, es erschüttert ihn nichts, vielleicht lächelt er sogar für sich hin wie ein Kind auf der Jahrmarktsschaukel.

Die Sonne steigt höher. Es wird immer wärmer. Hoch droben im Bergwald fällt ein Schuß. Das Echo rollt eine Weile, dann ist es wieder ganz still. Ich schlüpfe aus meiner Joppe und lege sie über den Arm, öffne das Hemd am Hals, so ist es leichter.

Langsam gehe ich dann einen Feldweg neben einem Weizenfeld entlang. Der Weizen steht schon ziemlich hoch, die Ähren sind gerade semmelblond und brauchen noch etwa vierzehn Tage bis zur Reife. Aber schön steht er, von keinem Sturzregen oder gar Hagel niedergedrückt. Ich greife mir aus einer Ähre ein Körnlein heraus und schiebe es zwischen die Zähne. Es ist teigig und hat noch keinen Biß. Ich will schon weitergehen, als ich vor mir eine Spur sehe, die in das Weizenfeld hineinführt.

Ein Reh, denke ich zuerst, aber dann ist mir diese Spur doch etwas zu breit. Ich weiß nicht, was mich gereizt hat, aber ich bin dieser Spur nachgegangen, bis etwa fünfzehn Meter in das Feld hinein. Und da sehe ich es, auf anderthalb Meter hin ist das Getreide wie niedergewalzt. Ich brauche da meine Phantasie nicht besonders anzustrengen, denn das kann nur die verlassene Lagerstätte zweier Liebender sein. Und ganz jäh ist schon wieder eine Erinnerung da. Jung war ich damals und das Mädchen war blond. Hat sie nicht Edeltraud geheißen? Jedenfalls, bei uns war es damals kein Weizenfeld, sondern ein Roggenfeld. Und das Mädchen hat mir damals eine blaue Kornblume ans Hemd gesteckt. »Leg sie in ein Buch«, hat sie gesagt.

Ich schau mich ein bißchen um und sehe an einem Weizenhalm ein blaues Seidenband, so wie es Mädchen manchmal um die Stirne tragen. Ich stecke es in meine Joppentasche und will schon wieder gehen, als ich noch etwas am Boden entdecke. Es ist doch wahrhaftig eine Geldbörse.

Ich möchte den kennen, der es fertigbringt, so was nicht näher zu betrachten, zu öffnen und nachzuschaun, wieviel da drin ist. Die Börse enthält drei Fünfzigmarkscheine, etwas Kleingeld und ein paar Quittungen auf den Namen Ferdinand Schröder.

Es gibt nur einen Ferdinand Schröder im Dorf, und das ist der Direktor der Raiffeisenkasse. Ein sehr seriöser Mann, mit offensichtlich christlichen Neigungen. Würde der mit seiner Frau in ein Weizenfeld gehen?

Aber mich geht das alles nichts an. Ich stecke die Geldbörse ein und frage mich, ob der Herr Schröder seinen Geldbeutel schon vermißt hat. Ganz sicher, wenn er nämlich nach seinem erotischen Ausflug ins Weizenfeld noch im »Weißen Lamm« eingekehrt ist, um zur Stärkung noch ein Schöpperl zu trinken. Und Hunger wird er wahrscheinlich auch gehabt haben. Und dann der Schreck, als er hat bezahlen wollen, nach der hinteren Hosentasche greift und sie leer findet. So ungefähr reime ich mir alles zusammen.

»Entschuldigen S', Fräulein Anna«, wird er gesagt haben. »Heute habe ich tatsächlich meine Geldbörse vergessen. Wahrscheinlich werde ich sie in einer andern Hose haben.«

»Aber das macht gar nichts, Herr Direktor, das kann doch einmal vorkommen. Sie haben immer Kredit bei mir.«

»Ja, danke, Fräulein Anna«, wird er gesagt haben und heimgegangen sein. Auf dem Weg zu seiner Wohnung wird er sich den Kopf zerbrochen haben. Natürlich wird ihm auch das Weizenfeld eingefallen sein, wie der Nachtwind ein leises Flüstern in die Ähren gebracht hat und die Sterne niedergeblinzelt haben, auf ihn und dieses Fräulein Lieselotte, das seit vierzehn Tagen beim Louserbauern als Sommergast wohnt. Aber vielleicht sind die Gedanken des Herrn Schröder noch hinterkünftiger, noch verruchter. So gut kennt er dieses Fräulein Lieselotte ja auch wieder nicht. Und man liest so manches, wie gewisse Damen die Männer auszunehmen verstehen.

Was mir so alles durch den Kopf geht. Dabei sollte mich das gar nicht kümmern. Ich habe mir nur angewöhnt, mir auf solche Beobachtungen meinen Reim zu machen und denke dann darüber nach, wie andere Männer mit solchen Situationen fertig werden. Auf gar keinen Fall will ich den Moralapostel spielen und mich, falls ich ihm wieder einmal begegne, zum Mitwisser seiner heimlichen Sommersünden aufspielen. Man weiß ja nie, was einen selber einmal überwältigt. Ich werde die Geldbörse – in die ich um Gottes willen nie hineingeschaut habe – in der Gemeindekanzlei abgeben. Fundort? Wird man fragen. Jawohl, direkt am Rande des Straßengrabens, nahe beim Hotel zum »Weißen Lamm«. Das ist die einfachste und klarste Lösung und klingt so echt, daß es der Herr Bankdirektor vielleicht selber glaubt.

Zwar fällt mir ein, daß ich jetzt meine kleinen Rachegelüste an Herrn Schröder befriedigen könnte, denn er hat mir einmal einen Kredit verweigert, als es mir und den Meinen ein bißchen schlechtging. Aber diese »Rache« ist ja längst geübt, weil ich seitdem mein Geld bei der Kreissparkasse angelegt habe. Nein, von mir hat Herr Schröder nichts zu befürchten. Es ist nicht meine Art, gehässig zu sein, oder gar schadenfroh. Außerdem verstehe ich sowieso nicht, warum dieser Mann in ein Weizenfeld gehen muß. Wenn bei ihm die Wallungen des Blutes einmal so groß sein sollten, daß er meint, der angetrauten Ehefrau Schonung angedeihen lassen zu müssen, dann gibt es doch in der Kreisstadt auch ein Hotel, wo man dies diskret erledigen kann.

Längst bin ich weitergegangen, und ich bin froh, daß der Wald mich jetzt aufnimmt in seinen Schatten. Ursprünglich habe ich gar kein rechtes Ziel gehabt, aber nun wandere ich eben so dahin, hebe einen dürren Stecken auf und benütze ihn als Wanderstab. Immer höher komme ich und bin wie betäubt von den schweren Gerüchen von Moos, Farnkraut, faulenden Rinden und was sonst noch alles herumwächst zwischen den hohen Fichten. Zwischen die Baumlücken fallen warm die Sonnenstrahlen und zeichnen ein wunderbares Mosaik um die Wurzeln der Bäume. Mein Schritt ist lautlos, höchstens, daß der Schuh einmal unversehens an einen Stein stößt. Die große Stille des Waldes umgibt mich wie ein Zauber, sie ordnet alles in mir, alle Gedanken und Wünsche, und ich schrecke nur einmal ein bißchen auf, als seitlich von mir ein Specht zu hämmern beginnt. Dieses perlende, eintönige Klopfen erfüllt den ganzen Raum zwischen mir und den hohen Baumwipfeln, es schwingt durch die Zweige und erlöscht dann wieder.

Ich empfinde wieder einmal, wie schön die Welt sein kann, wie fern alles Böse ist, wenn man sich losgelöst hat von den Tagsorgen und sich dem Glauben hingibt, daß man ganz allein ist auf dieser Welt. Wenigstens auf ein paar Stunden. Dann taumelt man sowieso wieder in die Nüchternheit des Alltäglichen, in die Widerwärtigkeiten und Unzulänglichkeiten des beruflichen und öffentlichen Lebens.

Ein vom Herbststurm gefällter Baum hat mich jetzt auf diese abwegigen Gedanken gebracht. So hilflos liegt er da, streckt sein Wurzelwerk wie Geisterhände in die Höhe. Alles, was einmal grün an ihm gewesen, ist jetzt dürr und abgebrochen, und auf seiner Rinde krabbeln Tausende von Käfern herum. Ja, so ergeht es allem Leben, ganz gleich, ob Baum oder Mensch. Du stehst im Leben aufrecht, freust dich deiner Kraft, womöglich auch deiner Schönheit, falls Gott sie dir geschenkt hat, nimmst alle Freuden hin, du redest und lachst in aller Unbekümmertheit, denn du hast ja ein Recht zu lachen und dich deines Leben zu freuen. Und auf einmal legt sich eine schwere Hand auf deinen Mund, und du liegst auch da wie dieser Baum, ohne Atem und ohne Leben. Nur streckst du deine Hände nicht gen Himmel. Sie werden dir über der Brust gefaltet, und die um dich herumstehen, sagen dann: Gott sei seiner Seele gnädig. Und die von dir sind, leben noch eine lange Weile weiter, plagen sich mit ihren Gedanken nicht so herum wie du, sie werden nur manchmal reden von dir, von deinen Aussprüchen, von deinen Gebärden und wie du hast zürnen können, wenn jemandem Unrecht geschehen ist, ganz gleich, ob Mensch oder Tier.

Ich gehe nun schneller weiter. Es lichtet sich ringsum, und nach einer kleinen Weile liegt eine sonnenüberflutete Almwiese vor mir, auf deren Grat eine Hütte steht, aus Holz und Steinen gefügt. Kühe weiden hier längst nicht mehr. Der Bauer hat nur Jungvieh heroben, das wegen der stabilen Einzäunung ringsherum eines Hirten gar nicht mehr bedurft hätte. Aber der Mann ist da. Blasius heißt er, ein sonderbarer Kauz, den ein ungerechtes Schicksal hierher verschlagen hat. Dreißig Jungtiere hat er zu betreuen und zwei Ziegen. Die Ziegen sind sogar sein Eigentum, sie sind sozusagen seine Ernährer.

Blasius sitzt vor der Hütte, ein bißchen gebeugt, wie in Trübsal versunken. Wie ein Verdammter in der Wüste sitzt er da, den die Raben ernähren. In seinen Händen hält er einen Stock, mit dem er etwas in den Sand kritzelt. Als er mich kommen sieht, legt er den Stock weg und strafft die Schultern.

Ich kenne sein Schicksal. Einmal ist er Lehrer gewesen, ein junger Lehrer mit einer wunderschönen

Frau, die gleichen Schrittes mit ihm hinter einer Fahne marschiert ist, die aber den Schritt dann schnell gewechselt hat, als er nicht mehr Lehrer hat sein dürfen, wegen seiner Bindung an eine Ideologie, die in Blut und Rauch untergegangen ist. Er hat nicht warten wollen, bis man ihn für geläutert genug gehalten hat, um ihn wieder zu rufen wie andere Kollegen. Nichts hat er mitgenommen als einen Rucksack voller Kleider, seine Geige und eine Bibel. Seitdem lebt er hier, vom Bauern gnädig geduldet, ein Einsiedler, wenn auch nicht von Gottes Gnaden. Immerhin ein Mann, in dessen Händen ein Rudel Jungvieh gut behütet ist und der, wenn es ihn gerade einmal ankommt, in einer Mondnacht seine Geige erklingen läßt. Es kann dann schon sein, daß ihm dann der Radetzkymarsch einfällt, oder »Flamme empor«, je nachdem, wie ihm gerade zu Mute ist.

Ja, nun bin ich bei ihm, und er rückt auf der Bank, daß ich mich neben ihn setzen kann.

»Du lebst also noch«, sagt er, und es klingt wie ein Vorwurf.

Ich weiß schon, ich bin lange nicht mehr bei ihm gewesen. Aber er ist ja auch nicht von seinem Berg herunterzubringen. Ich hatte ihn schon öfters einmal zu uns eingeladen. Weihnachten vor allem. Aber er will einsam sein, sagt er. Nur in der Einsamkeit könne man vergessen, was einem angetan worden ist. Er streift viel in den Bergen umher, und wenn man ihn fragt, was er denn suche, dann antwortet er immer: »Die neue Zeit.«

»Und wie geht es dir?« frage ich.

»Blendend«, antwortet er und kritzelt mit seinem

Stock wieder diese seltsamen Schriftzeichen in den Sand.

»Die Zeit der Runen ist längst vorbei«, sage ich.

»Ja, ich weiß. Aber inzwischen waren sie wieder einmal da. Und vielleicht kommen sie in tausend Jahren wieder.«

»Hoffentlich nicht, Blasius.«

Dann schweigen wir eine lange Zeit. Rotdorn und Ebereschen grünen hinter der Hütte, und irgendwo hört man eine Quelle plätschern. Die Zeit scheint stehengeblieben zu sein. Ich schaue von der Seite her in Blasius' Gesicht. Es ist von einem spitz zugeschnittenen Bart umrahmt, grau durchschimmert. Seine hellen Augen sind von buschigen Brauen überschattet. Ich warte darauf, daß er etwas spricht, aber er schweigt beharrlich. Ich ärgere mich ein bißchen und frage ihn, ob man bei ihm Eintritt zahlen müsse, damit er etwas redet.

Er sieht mich lange an und lächelt dünn: »Es lohnt sich nicht, noch viel zu reden, weil die Welt im nächsten Frühjahr untergeht.«

»Schon wieder einmal? Das hast du vor drei Jahren auch schon gesagt.«

»Aber diesmal wird es sein.«

»Schade, Blasius, denn dann bleiben so viele Rätsel ungelöst.«

»Ich weiß alles. Mir ist kein Rätsel mehr ungelöst.«

Ich nehme alles von der heiteren Seite und weiß, daß er jetzt wieder mit seinen Sprüchen aus dem »Wachturm« aufwarten wird. Und da will ich ihm zuvorkommen und frage ihn: »Dann kannst du mir sicher sagen, warum Kain seinen Bruder Abel erschlagen hat.

Darüber steht wohl auch in deiner Bibel nichts. Eines Weibes wegen vielleicht? Aber das kann auch nicht stimmen, denn außer der Eva war ja keins da, und das war seine Mutter. Und mit was hat er ihn getötet? Hat er ihn mit einer Axt erschlagen, mit einer Keule oder mit der bloßen Hand?«

Der sonderbare Mensch sieht mich lange an, dann macht er eine wegwerfende Handbewegung. Ich höre, daß bei mir Hopfen und Malz verloren sei, daß ich zu sehr dem sündigen Leben anhafte und daß ich nie bereit sein werde für jenen Tag. Er aber sei bereit, jeden Tag und jede Stunde.

Dann steht er auf, geht in die Hütte und kommt mit einem Holzteller wieder heraus, auf dem eine große Scheibe Schwarzbrot liegt und ein schräg geschnittenes Stück Ziegenkäse. Ich kenne das schon. Den Ziegenkäse macht er selber, er ist gut, aber ungemein scharf.

»Da, iß«, sagt er und lockt die beiden Ziegen herbei, die unweit der Hütte grasen. Dann zeigt er sich plötzlich von seiner andern Seite, legt den Sektierer beiseite und ist ein vernünftiger Mensch. Es ist erstaunlich, wie er über alles Bescheid weiß und wie er das Weltgeschehen beurteilt und analysiert. Ein kluger Kopf, und er wäre vielleicht zu Großem berufen gewesen, wenn man ihn nicht ins Abseits gestellt hätte.

Wir liegen hernach hinter der Hütte im Moos, zwei Faulenzern gleich, die einander alles sagen, manchmal in trotzigem Beharren, dann wieder in harmonischem Verstehen. Nach seiner Frau wage ich ihn nicht zu fragen, weil ich keine Wunden aufreißen will. Aber merkwürdigerweise, er fängt selber davon an.

»Beate«, meint er, »ich weiß nicht, wo sie sich rumtreibt und in welchen Betten sie schläft und mit wem. Aber sie ist dumm. Hast du das noch nicht gemerkt, daß alle schönen Frauen ein bißchen beschränkt sind? Sie könnte bei mir sein in der Einsamkeit, könnte am Herd stehen und auf Seegras schlafen. Da liegt man genausogut wie auf einer Schaumstoffmatratze, falls du es nicht wissen solltest. Wir könnten ein Kind haben, oder zwei, die hier aufwachsen. Lach jetzt nicht, aber das ist so in meinem Sinn, ein Mann, der sich nicht fortpflanzt, hat umsonst gelebt.«

»Du weißt überhaupt nichts mehr von ihr?«

»Nein, überhaupt nichts mehr. Sie hat ihre Spuren verwischt. Wahrscheinlich ist sie mit einem der Sieger, vielleicht mit so einem Flegel aus Texas nach drüben gegangen und lebt in wilder Ehe, denn niemand hat uns je geschieden.«

Die Sonne ist mittlerweile ihren Weg gegangen. Schräg steht sie bereits über den Fichten hinter der Hütte und wirft deren Schatten über uns. Ich rapple mich auf, es hilft alles nichts, ich muß an den Heimweg denken.

»Kann ich etwas für dich tun, Blasius?«

»Nein, für mich sorgen Gott und der Staat. Meine Pension, du glaubst es nicht, sie wird pünktlich monatlich auf mein Konto bei der Kreissparkasse angewiesen. Es sind schon viele Tausende von Mark, und Beate könnte ein fürstliches Leben mit mir führen. Oder bist du der Meinung, daß ich diesem Staat was schenken soll, der von Tausenden ausgepreßt wird wie eine Zitrone. Also, leb wohl und bring dich nicht um vor lauter Arbeit.«

»Ich habe heute gefaulenzt den ganzen Tag.«
»Was schreibst du denn jetzt?«
»An einer Novelle murkse ich herum. Seit drei Wochen schon. Es will nicht recht fließen. Aber heute war ein reicher Erntetag für mich, reich an Erkentnissen und Erfahrungen.«

Zum Glück fragt Blasius nicht nach dem Titel, nichts ist mir verhaßter, als wenn mich jemand fragt: Wie heißt denn der nächste Roman. Einmal hat mich eine Journalistin nach dem Titel meines nächsten Buches gefragt, und ich habe aus reinem Mutwillen heraus geantwortet: »Die silberne Ähre«. Prompt hat dann in der Zeitung gestanden, daß ich derzeit an einem großen Werk arbeite mit dem vielversprechenden Titel: »Die silberne Ähre«. Daraufhin hat mir mein Verleger geschrieben, er sei sehr enttäuscht, daß er erst aus der Zeitung erfahren müsse, was ich schreibe. Immerhin, der Titel gefalle ihm und er werde ihn sofort in den Prospekt aufnehmen. Ich bin richtig in der Tinte gesessen und habe mir erst einen Stoff einfallen lassen müssen, der diesem Titel dann gerecht geworden ist.

Im Abwärtssteigen sind mir die Stimmungen des Waldes wieder ganz anders ins Gemüt gefallen als am Morgen. Der Wald erschien mir jetzt ernster und schwermütiger in seinem Schweigen. Nur die Vögel lärmten noch laut durcheinander und stimmten bereits ihre Nachtlieder an.

Ich habe rasenden Durst auf den Ziegenkäse und bin recht froh, als ich den schattigen Garten vom »Weißen Lamm« sehe. Der Garten ist voller Sommerfrischler. Die Kastanien im Garten spenden wohltuenden

Schatten. Als mir die Bedienung die erste Halbe Bier hinstellt, sage ich zu mir: »Jetzt, Gurgel, freu dich, jetzt kommt ein Wasserfall.«

Ich lausche ein bißchen auf die Gespräche der Menschen um mich. Draußen fahren noch hochbeladene Heufuhrwerke vorüber und rattern polternd über die Tennbrücken. Dann kommt allmählich die Feierabendstille über das Dorf. Draußen geht der Herr Schröder von der Raiffeisenkasse mit seiner Gattin vorüber, und da fällt mir siedend heiß ein, daß ich seine Geldbörse noch nicht abgeliefert habe. Aber ich werde es gleich morgen früh tun. Seine Gattin hängt fest und vertrauensvoll an seinem Arm, und er geht aufrecht, mit hocherhobenem Kopf, als ob er ein Korsett trüge.

Ich esse noch einen kalten Braten, trinke eine zweite Halbe und gehe heim. Dabei studiere ich schon wieder vor mich hin, ob das nicht vielleicht eine Kurzgeschichte abgäbe. »Das blaue Band im Weizenfeld« oder so. Man braucht nach einem Stoff für eine Geschichte oder ein Gedicht gar nicht so krampfhaft zu suchen. Oft liegt er auf der Straße, man braucht ihn nur aufzuheben und etwas daraus zu machen.

Daheim werde ich herzlich begrüßt. Das tun sie immer, wenn ich einen ganzen Tag unterwegs gewesen bin. Aber man fragt nie, wo ich war und was ich erlebt habe. »Vater hat wieder einmal seinen Inspirationsgang gemacht«, sagt höchstens die Frau und zieht das Gulasch vom Mittag aus dem Ofenrohr. Aber ich habe ja schon gegessen.

»Heut hast was versäumt«, erzählt sie. »Wir hatten netten Besuch.«

»Ja? Das freut mich für dich. Wer war denn da?«

»Die Frau Schröder, du weißt ja, die Frau vom Raiffeisenkassendirektor.«
»Tatsächlich?«
»Ja, und stell dir vor, ihrem Mann hat man den Geldbeutel gestohlen, mit vierhundert Mark.«
»Ach nein?«
»Es treibt sich soviel Gesindel herum in letzter Zeit.«

Ja, ja, so kann man es auch drehen, denke ich. Man kann den Betrag auch beliebig erhöhen. Das hört sich aufregender an und erweckt Mitleid. Aber ich werde morgen das Geld gleich abgeben im Rathaus. Drei Fünfzigmarkscheine sind es und etwas Kleingeld. Aber keine vierhundert Mark.

Der Fernseher wird wieder eingeschaltet. »Ehen vor Gericht« gibt es heute. Ich höre mir nur die Nachrichten an, dann gehe ich schlafen. Ich bin schrecklich müde, und Ehescheidungen interessieren mich überhaupt nicht, soweit es sich nicht um meine eigene dreht. Aber da besteht keine Gefahr, denn im großen und ganzen führen wir eine ganz vortreffliche Ehe.

Wie diese Scheidung vor Gericht an diesem Abend ausgegangen ist, das haben die Meinen auch nicht mehr erfahren können, denn mitten in der Sendung hat es einen Kracher getan, und der Fernseher ist kaputt gewesen.

»Schade«, sage ich, als mir die Frau am andern Morgen beim Frühstück vorjammert. In Wirklichkeit denke ich aber: Gott sei Dank. So schnell lasse ich den nicht richten.

Aber dann höre ich nach ein paar Tagen durch die offenstehende Küchentür ein Gespräch zwischen

Mutter und Tochter. Sie reden von meinem bevorstehenden Geburtstag, und es fallen die Worte »Telefunken« und »Saba«. Die Tochter ist für Saba. Und ein Farbfernseher soll es diesmal auch sein.

Einen Farbfernsehapparat wollen sie mir also schenken. Wahrscheinlich aber werde ich da schon was dazuzahlen müssen, soweit ich meine Frau kenne.

Aber es ist ja egal. Nach diesem Sommer kommt auch wieder ein Winter mit langen Abenden. Und vielleicht sitze ich dann auch öfter neben meiner Frau am Kanapee, wenn die Bilder farbig sind, so bunt und so farbig wie dieser Sommer sich zeigt.

Der alte Besenbinder

Ich habe den alten Besenbinder Mathias sehr gut gekannt. Aber ich habe auch nichts weiter gewußt von ihm, als daß er Mathias heißt. Wie alt? Auch das konnte man bei ihm nicht sagen, man hätte raten müssen: siebzig Jahre oder mehr. Sein Haar war schneeweiß und hing ihm weit über den Nacken, sein Gesicht voller Runen, als habe sie das Leben mit einem Griffel einzeln ineinander gesetzt. Er kam jeden Frühling mit den Schwalben, nistete sich aber nicht unterm Dachfirst ein wie diese, sondern richtete sein Lager im Stall draußen ein in der leeren Box neben den Pferden. Immer blieb er nur ein paar Wochen, höchstens drei, dann verschwand er wieder so spurlos, wie er gekommen.

Die Kinder des Bauern fürchteten ihn ein wenig. Er wußte auch nicht mit Kindern umzugehen. Nie machte er auch nur den leisesten Versuch, ihre Herzen zu gewinnen.

Wie gesagt, er schlief draußen bei den Tieren. Es half nichts, wenn die Bäuerin ihm sagte, daß es auch im Haus ein Bett für ihn gäbe. Das war Güte oder Erbarmen mit seinem Alter und seiner Unbeholfenheit. Konnte er sich denn so ohne weiteres erlauben, an der Menschen Güte vorbeizusehn? Er lächelte nur ein bißchen, wenn man zu ihm von einem Bett sprach, schüttelte im Stall sein Stroh zurecht und war zufrieden. Er war groß und kräftig, mit Muskeln wie Stahl. Einmal kam der Stier los, wütete durch den Stall und hatte es besonders auf die Kalbinnen abgesehen. Man wußte sich keinen Rat. Da packte Mathias den Stier bei den Nasenlöchern und bog ihm den Kopf weit zurück. Bis zu seinem Stand schob er ihn so, und der Bauer konnte ihn dann in aller Ruhe wieder an seine Kette legen. Das war Mathias.

Bei schönem Wetter ging er in den Wald und holte Besenreisig. Bei schlechtem Wetter saß er dann im Stall, band die Besen und flickte Körbe zusammen. Dann konnte man ihn oft beobachten, wie er minutenlang ganz still saß, die Hände hilflos zwischen die Knie hängen ließ und unverwandt durch das Stallfenster zu den Giebeln und Zinnen des Schlosses hinüberschaute, das weithin sichtbar auf einem Höhenrücken außerhalb des Dorfes stand. Seine Augen waren dabei wie umflort, und die Falten auf seiner Stirne traten noch deutlicher hervor. Ich weiß selber nicht, warum mir der Gedanke kam, daß es irgendein Geheimnis im Leben des alten Mannes geben müsse.

Um so geheimnisvoller aber erschien er mir dann, als ich eines Tages – ich war gerade dem Knabenalter entwachsen und lange noch kein Mann – aus dem Wald trat und den Alten unweit von mir in den Büschen sitzen sah. Ich wollte ihn schon anrufen, als ich ein Geräusch hörte wie das Trampeln von Pferdehufen. Ich trat wieder in den Schatten der Bäume zurück. Gleich darauf zitterten die jungen Buchenblätter, ein prächtiger Apfelschimmel zwängte sich durch das Gebüsch und wurde vor dem Alten mit scharfem Ruck pariert. Ich traute meinen Augen kaum, aber es war tatsächlich die Baronin, die jetzt aus dem Sattel sprang und die Hand auf die Schultern des alten Mannes legte.

»Ach ja, Mathias, wir beide, nicht wahr«, sagte sie leise seufzend, indem sie sich niederbeugte und ihm in die Augen sah.

Das war nun mehr als seltsam, denn die Baronin war eine strenge und unnahbare Frau. Es war, als sei sie gepanzert gegen jedermann, mit einem Mantel aus Kälte und Eis. Niemand in der Gegend konnte behaupten, sie jemals lachen gesehn zu haben. Und nun steht sie vor dem Besenbinder Mathias, dem ewigen Landstreicher, mit einem Leuchten in den dunklen Augen, als brenne dahinter ein Kerzenlicht.

Der Alte sagte nichts, hielt ganz still unter der Berührung und lehnte nur seine bärtige Wange eine kleine Weile an ihre Hand. Die Baronin streifte den einen Handschuh ab, machte die Fingerspitzen an ihren Lippen feucht und legte dann die Finger auf Mathias' Mund. Dann stand Mathias auf, faßte mit der einen Hand die Zügel und mit der andern die Steigbügel. Die Baronin stieg wieder in den Sattel und sagte nur: »Ich danke dir, Mathias.«

Sie schaute noch ein paar Sekunden auf ihn herab, und es war mir, als ob sie weinte, weil ihre Schultern so zuckten. Dann ritt sie davon, mit einem Elan, als sei sie ein junges Mädchen. Dabei war die Baronin aber immerhin schon eine Frau über sechzig und hatte sieben Kinder.

Der Alte starrte in die Richtung, in der sie verschwunden, bis die Hufschläge verstummten. Ich schlich mich leise davon, denn ich wollte ihn jetzt um nichts in der Welt stören. Am späten Abend aber, als ich ihn unter der Stalltüre stehen sah und sonst niemand um die Wege war, trat ich zu ihm hin: »Sag einmal, Mathias, wie ist denn das mit dir und der Baronin? Die Frau spricht doch kaum mit jemandem, und man sagt, daß sie zum Lachen in den Keller gehe. Aber mit dir . . .«

Weiter kam ich nicht. In seinen Augen sprang ein böser Funke auf, und ehe ich mich umsah, hatte er mich mit hartem Griff an der Brust gefaßt.

»Was hast du mir nachzuspionieren?« zischte er mich wütend an.

Ich hatte große Mühe, mich von seinem Griff zu befreien. »Ich hab' dir wirklich nicht nachspioniert, Mathias. Es war reiner Zufall, daß ich in der Nähe war. Soll ich mich denn da nicht wundern, wenn die Baronin – weil sie doch sonst mit niemandem redet – nur mit dir . . . Aber du brauchst mir nichts zu sagen. Ich bettle nicht um dein Geheimnis.«

Daraufhin ging ich ins Dorf, weil wir an diesem Abend Plattlerprobe hatten. Es war schon spät, als ich zurückkam. Ich wollte schon die Haustüre öffnen, da erhob sich von der Hausbank eine graue Gestalt. Mathias war es. Er packte mich am Arm. »Komm mit, junger Mensch«, sagte er und ging mir voran, ohne sich umzusehen, ob ich ihm folge.

Es war eine herrliche Frühlingsnacht. Der Mond stand am Himmel, und sein Silber rieselte lautlos über das Land. Unter den Sternen strich ein leiser Wind hin, und man meinte, ein wundersames Liedlein töne durch die Nacht. Ich machte mir so meine Gedanken. Das wäre eine Nacht für einen Geliebten gewesen, angefüllt mit sehnsüchtigen Erwartungen. So aber tappte ich hinter diesem Riesen her, sein Rücken vor mir war wie ein Berg. Den ganzen Weg hatte er noch kein Wort gesprochen. Plötzlich blieb er stehen und packte mich wieder an der Brust, diesmal aber nicht mehr so wütend.

»Du wirst schweigen, über alles, was ich dir jetzt sage? Gut, gut! Du mußt nämlich wissen – die Baronin und ich – damals war sie noch eine Komtesse. Immerhin – wir haben uns geliebt.«

Alles andere hätte ich erwartet, nur das nicht. Er muß mir mein Mißtrauen wahrscheinlich angemerkt haben, darum sagte er: »Ja, ja, das scheint dir wohl paradox, die Baronin und ich. Aber setzen wir uns.«

Es war nicht weit von der Stelle meiner morgendlichen Beobachtung. Wir setzten uns ins Farnkraut. Klein und gebeugt saßen wir beide, der Alte, Einsame und ich, der Blutjunge, im großen Schrein der Nacht. Unsere Gesichter waren dem Schloßgut zugewandt, über das der Mond sein Silbernetz gespannt hatte. Aus dem Wald hinter uns rief ein Nachtvogel, es hörte sich an wie das Weinen eines Menschen, der etwas Wertvolles verloren hatte. Und in dieser Frühlingsnacht vernahm ich Jüngling die Geschichte einer großen Liebe.

Mathias war in seinen jungen Jahren einmal Pferdebursche und Gärtnergehilfe auf dem Schloßgut gewesen. Zu dieser Zeit war die Baronin noch ein übermütiger, zu allen Streichen aufgelegter Backfisch. Sie trieb ihren Spaß mit dem Pferdepfleger Mathias und ging dabei oft so weit, daß ihr Vater sie mahnen mußte: »Mechthild, treib es nicht zu toll. Auch arme Burschen können Feuer sprühn. Du darfst nicht über einen Zaun steigen, in dem die Minderen ihren Kohl züchten.«

Komtesse Mechthild suchte dann Mathias immer heimlich auf, wenn er an den Rosenstöcken arbeitete oder zu später Stunde im Stall bei den Pferden war. Sie wußte noch nicht, daß auch einfache und arme Menschen zuweilen über die Grenzen ihres Lebenskreises hinauswachsen, wenn ein Funke in ihr Herz fällt.

In einer Nacht warf der junge Mathias eine Handvoll Rosenblätter durch ein offenes Fenster hinein. Am andern Morgen, als er mit dem gesattelten Pferd im Hof stand, sah ihn die Komtesse forschend an, als sie die Freitreppe heruntergekommen war. Er hielt ihr den Steigbügel, bevor sie aber den Fuß hineinsetzte, fragte sie: »Hast du die Rosenblätter in mein Bett geworfen heute nacht?«

Er antwortete nicht, und seine Augen gingen an ihr vorbei. Als sie schon im Sattel saß, beugte sie sich noch mal zu ihm nieder. »Ich bin ein wenig erschrocken, Mathias, als ich heute morgen aufgewacht bin. Die Rosenblätter lagen um mich herum auf dem weißen Kissen wie Blutstropfen.«

»Herzblutstropfen«, antwortete Mathias mit unbeweglichem Gesicht.

Darauf nahmen ihre Augen einen sinnenden Ausdruck an. »Herzblutstropfen«, sagte sie leise. »Ein sehr schönes, ein sehr sonderbares Wort, Mathias.« Dann sprengte sie aus dem Hof.

Es kam, wie es kommen mußte. Die beiden wurden von einer Liebe zueinander erfaßt, die grenzenlos war. Wie eine Träumende nahm Mechthild dieses Wunder in sich auf. Ihre Augen spiegelten das grenzenlose Glück ihrer Seele. Es kam ihr gar nicht zu Bewußtsein, daß sie um der Liebe willen über eine Schranke gestiegen war, herunter in die Welt der Kleinen und Armen. Es war, als habe Gott den beiden einen besonderen Glanz verliehen. Sie gingen wie Kinder durch diesen blühenden, paradiesduftenden Garten, bis auch das Letzte, Größte sich ihnen offenbarte. Und das war in einer Stunde zwischen Abend und Nacht.

Es war schon Herbst, und Mechthild mußte ein paar Tage darauf mit ihrer Mutter in die Stadt zurück, wo beide immer den Winter verbrachten. Als sie im Frühjahr zurückkehrte, war sie nicht mehr ledig, war sie verheiratet worden.

Mathias mußte sie im offenen Jagdwagen an der Bahn abholen. Er erkannte es auf den ersten Blick: Mechthild war nicht glücklich. Als sie ihm die Hand reichte, sah sie ihn mit einem Blick an, der ihm alles sagte. Dann wandte sie sich an ihren Mann: »Das ist unser Kutscher.«

Der Herr trug ein Monokel und betrachtete Mathias sehr genau. »So, so«, sagte er. »Na ja, ist gut, ist gut.«

»Außerdem züchtet er Rosen.«

»Ach was? Das kann er auch?«

Am Abend saß Mathias in seinem Stübchen und war versucht, die Stirn in die Hände zu legen und bitterlich zu weinen, vor Zorn, vor Scham, oder um der verlorenen Liebe wegen. Da öffnet sich die Tür. Mechthild ist es, und der Kutscher erhebt sich, steht wie erstarrt.

»Es dürfte sich wohl nicht schicken für die Frau Baronin, mich aufzusuchen zur nächtlichen Zeit«, stammelte er verstört.

»Vielleicht, Mathias, vielleicht«, antwortete sie. »Ich wollte dir nur sagen, wie alles kam. Das bin ich dir schuldig, Mathias. Es gibt in unsern Kreisen Pflichten und Grundsätze, die man nicht ungestraft durchbrechen darf. Es stand auch ein gewisser Zwang dahinter. Ich wollte dir noch sagen, daß ich nur dich liebgehabt habe und immer nur dich liebhaben werde, oder wenigstens die Erinnerung an uns beide.«

Sie ging auf ihn zu, strich ihm über die Stirn und Wange und flüsterte: »Ja, ja, Mathias, wir beide – nicht wahr.«

Und dann ging sie wieder, so still und lautlos, wie sie gekommen war.

Mathias saß immer noch da, die Stirn gefurcht, die Augen geschlossen. Er wußte nicht viel von den Frauen, aber das hatte er doch gesehen, daß der Gürtel um ihre Taille ziemlich eng geworden und auch ihr Gang nicht mehr so schwingend war wie früher. Da lohnte es sich auch für einen einfachen Menschen, etwas nachzurechnen – gewisse Monate, auch wenn man sie bei Menschen nicht auf eine Tafel schreibt wie bei den Tieren im Stall.

Ja, das gab ihm zu denken, und er hätte darüber auch lächeln können oder weinen. Statt dessen packte er in dieser Nacht noch sein Bündel, klopfte den Pferden ein letztes Mal liebevoll den Hals und zog dann fort in die Welt.

Er hat nicht mehr erfahren, wie die Baronin in der Frühe geweint hat, als ein anderer ihr das Pferd vorführte und ihr in den Sattel half. Mathias hat auch sonst nichts erfahren von dem Elend ihrer unglücklichen Ehe. Der Mann war ein recht lebenslustiger Geselle, und es kam oft vor, daß ein Mädchen weinend vom Gut fortging, weil die Frau Baronin das Haus rein halten wollte. Frühzeitig wurde sie dann Witwe und hatte sieben Kinder aus liebloser Ehe.

Was Mathias betraf, so ging es mit ihm von nun an ständig bergab. Er heiratete später eine Kellnerin, die ihn nach kurzer Zeit wieder verließ, sank weiter von Stufe zu Stufe, hauste schließlich im Wald wie ein Mann Gottes, der sich von Früchten ernährt, bis seine Zeit kommt. Als Besenbinder zog er dann durch das Land, bis er endlich einmal den Mut fand, auch dorthin zurückzukehren, wo er Glück und Jugend gelassen hatte.

Seitdem kommt er jedes Jahr. Und jedes Jahr treffen sich nun der alte Besenbinder und die Baronin am Waldrand, zwei alte und einsame Menschen, die sich in ihrer Jugend einmal liebten und deren Tage nun in der Erinnerung an jene Liebe nochmals von einem schönen Glanz übersonnt sind.

Einmal fragte Mathias: »Dein ältester Sohn, Eberhard heißt er wohl – ich bin ihm kürzlich im Wald begegnet –, er hat so ganz und gar nichts Adliges an sich. Benimmt sich und gibt sich wie unseresgleichen.«

Das Gesicht der Baronin ist blaß geworden, und sie hat an Mathias vorbeigesehen. »Eberhard? Ach ja, er hat gewisse Meinungen zum Einfachen und Schlichten. Er gibt mir manches Rätsel auf.«

»Er ist von anderm Blut«, hätte sie noch hinzufügen können. Aber der Stolz ihres Standes verbot ihr wohl ein solches Eingeständnis.

Als Mathias mir seine Geschichte erzählt hatte bis zum Ende hin, flackerten die Sterne bereits im ersten Licht eines neuen Morgens, der hinter Wolkenkronen lag. Wir gingen schweigend heim, denn die Geschichte hat mich doch ein bißchen schwermütig gemacht und das Herz ein wenig mit Sehnsucht erfüllt. Flüchtig denke ich auch an die schönen Töchter der Baronin. Aber die Zeit hat sich geändert, ist nüchterner geworden und kälter. Sie duldet keine Märchen mehr.

Am anderen Tag zog Mathias wieder fort. Wenn mir aber in der folgenden Zeit die Baronin begegnete und grußlos, mit kaltem Gesicht, an mir vorüberging, fühlte ich keinen Zorn mehr, eher Mitleid. Ihre Seele lag gleichsam entkleidet vor mir. Ich wußte ja nun, daß auch sie, die Stolze und Unnahbare, einmal vor der Macht einer großen Liebe schwach geworden war.

Längst sind die beiden nun tot und eins geworden in der großen Nacht der Ewigkeit.

Die Mütter

Laßt mich etwas über die Mütter sagen. Zuerst über meine eigene. Als ich zu Allerheiligen wieder an ihrem Grab stand, da ist mir so recht aufgegangen, daß ich auch über diesen Tag hinaus nie müde geworden bin, ihrer zu gedenken und ihre Lieder zu singen. So manchen Muttergestalten in meinen Büchern habe ich ihre Züge verliehen, ihr Wesen, ihre Größe und ihre Tapferkeit, weil ich immer meine, daß sie es gewesen ist, die mir die Lust zum Fabulieren vererbt hat.

Die Mutter hat uns ja nicht nur das Leben geschenkt, sie ist doch dauernd nur die Gebende gewesen. Nie sind ihre Hände leer, nie schlägt ihr Herz in größerer Angst, als wenn du im Fieber daliegst. Dann beugt sie sich über deine Stirne und kühlt sie mit ihren Händen. An ihrer Hand lernst du die ersten Schritte. Und wie schön klingt das Vaterunser, wenn sie es dir vorsagt. Du plapperst es nach: Geheiligt werde Dein Name. Und es wird schon so sein, weil es dir die Mutter vorgesagt hat.

Später nimmt dich das Leben in seine rauhen Hände. Die Mutter kann nicht mehr neben dir gehen. Nur ihre Gedanken begleiten dich, und am Abend betet sie für dich, daß du bewahrt bleiben mögest vor allem Bösen. Ja, das ist sicher, ich weiß es. Aber diese stillen Gebete erreichen dich nicht mehr in der Ferne. Vielleicht ist dir inzwischen auch der Glaube abhanden gekommen an die Kraft solch mütterlichen Betens. Du jagst zu sehr hinter dem Leben her mit all seinen Verlockungen und Bequemlichkeiten. Du hungerst und frierst, suchst Wärme an einem fremden Ofen oder in einer Mädchenkammer. Du meinst, du fühlst dich wohl und doch – laß dir sagen: Der wärmste Platz auf dieser Welt, der ist am Herzen der Mutter.

Wenn Kinder das nur immer wahrhaben wollten. Oft sind sie in alle Winde zerstreut, und die Mutter sitzt daheim am Feuer, hat die Hände im Schoß gefaltet und denkt an dich. Ihr Haar ist weiß geworden, vielleicht aus Kummer um dich, weil du nicht einmal die paar Pfennig übrig gehabt hast, ihr zum Muttertag zu schreiben. Regen rinnt am Fenster herunter, und auch sie weint, weil du mit einem Blumenstrauß zu einer andern Frau gegangen bist, zur Mutter deiner Braut. Sie mag dir vielleicht eine gute Schwiegermutter werden, aber nie Mutter im tieferen Sinn. Du trägst ja nicht ihr Blut in dir, hast nie an ihrem Herzen geatmet. Diese Seligkeit hat nur deine eigene Mutter erleben dürfen.

Gewiß kann man sie zur Hochzeit einladen. Du bist zwar weit weg, aber man kann ihr ja das Geld für die Reise schicken. Das ist das wenigste, denn du bist inzwischen ein ganz wohlhabender Mann geworden, weil deine Mutter sich die Finger blutig gestochen hat beim Nähen für fremde Leute, damit du eine höhere Schule hast besuchen können. Aber man hat ein bißchen Angst, die Mutter könnte in ihrer schweren Bauerntracht daherkommen, mit einem schwarzen Kopftuch über dem weißen Haar.

O ja, sie kommt gerne, die Mutter. Nimmt gern mit klopfendem Herzen die weite Reise auf sich. Sie kniet in der Kirche in der hintersten Reihe, weil sie fühlt, daß sie vorne, bei der noblen Verwandtschaft, nur störend wirken könnte. Ja, ganz hinten kniet sie, läßt die Rosenkranzperlen durch ihre Finger gleiten und weint leise vor sich hin, denn sie erinnert sich an die Geburt dieses Sohnes und wie er an ihrem Herzen geruht hat. Und nun steht er da vorne vor dem Altar, großgewachsen, mit breiten Schultern und sagt mit lauter Stimme sein Ja, mit dem er gelobt, daß er dieser weißgekleideten Frau getreu sein will, bis der Tod sie scheidet.

In diesem Augenblick hat die Mutter das Gefühl, als sei das Band zwischen ihrem Herzen und dem des Sohnes entzweigeschnitten worden, wie einst die Nabelschnur. Und was heißt schon Treue. Sie wankt angeblich am heftigsten im siebten Jahr der Ehe, wenn nicht schon früher. Einer Mutter Treue aber ist unverbrüchlich, auch wenn ihr Los oft nur Magdsein bedeutet.

Nach der feierlichen Eheschließung stehen sie vor der Kirche in einem dichten Knäuel beisammen und gratulieren dem Paar. Die Mutter steht wieder ganz im Hintergrund. Endlich kann sie sich durchschlängeln, aber es sind ihr keine großen Worte gegeben. »Gott segne dich«, sagt sie und streckt sich ein wenig, um den Sohn zu küssen.

»Ist schon gut, Mutter«, sagt der Sohn. Dann zieht er ein weißes Taschentuch hervor und wischt sich damit den Mund ab. Die Mutter schluckt und wagt nicht mehr, die Schwiegertochter wenigstens auf die Wange zu küssen. Immerhin ist es ein kleiner Trost, daß er zu ihr noch Mutter gesagt hat und zur andern Mama oder Frau Schwiegermama.

Ja, so ist es mitunter, und die jungen Menschen wissen oft gar nicht, wie grausam sie sein können. Darüber wird nicht viel geredet. Die Mutter ist gut genug, solange sie offene, gebende Hände hat. Aber sie wird älter, und sie kann doch nichts dafür, wenn sie an Körper und Geist langsam ein wenig gebrechlich wird. Die Mutter kann nicht mehr arbeiten, redet mitunter ein bißchen seltsam, wird unbeholfen und vergeßlich. Was tut man mit so einer alten Frau, die doch nur zur Last fällt. Wozu gibt es denn ein Altersheim? Dorthin kann man sie abschieben, dort kann sie sich ausruhn und hat eigene Pflege.

In meiner Nachbarschaft ist so ein privates Altersheim. Etwa zwanzig Personen sind dort untergebracht. Es ist gut geführt, und bei schönem Wetter sitzen die alten Leute auf dem Balkon oder im Garten und blinzeln in die Sonne. Die Leiterin des Heimes hat mir schon manchmal ihre Sorgen geklagt und erzählt, daß sie manchmal energisch werden muß, wenn zum Beispiel die alte Mutter Anna mit ihren vierundsiebzig Jahren darauf besteht, sich nackt in einen Liegestuhl zu legen. Sie hat einfach so fixe Ideen. Einmal habe ich sie auf der Straße vor meinem Haus im Staub der Straße liegen sehen. Ein Kreislaufzusammenbruch. Sie hat ihr bestes Kleid angehabt, Hut und Handtasche bei sich.

Ich habe sie aufgehoben und auf meinen Armen ins Heim getragen. Dort ist sie wieder zu sich gekommen, die Schleier der leichten Umnachtung haben sich gelichtet. Sie blickt um sich und erzählt, daß sie ihren Bräutigam bei der Straßenkreuzung habe treffen wollen. Dann öffnet sie ihre Handtasche und reicht mir ein paar Geldscheine. Sie sei glücklich, sagt sie, und hier sei das Geld für den Wagen, den ich mir so sehr wünsche. Schließlich schläft sie ein und hat ein glückliches Lächeln um den Mund, bis sie der leise Wahn wieder überkommt. Diesmal will sie der Tochter einen Wagen kaufen.

Aber die Tochter braucht gar keinen Wagen, sie hat längst selber einen, einen chromblitzenden, mit dem sie an einem Sonntagnachmittag schnell einmal vorbeikommt. Sie gehen gar nicht ins Haus. Die Mutter sitzt auf ihrem Zimmer. So, so, dann ist es ja gut. Man will sie nicht stören in ihrem Alleinsein. Es ist nett, daß es ihr gutgeht. Auf alle Fälle, schöne Grüße. Und der Mann zückt sein Scheckbuch und überreicht einen Scheck – die Heimkosten für den kommenden Monat. Man hat seine Pflicht erfüllt. Sie fahren wieder weg, irgendwohin zum Kaffeetrinken. Als ob man da die Mutter nicht hätte mitnehmen können.

Die Mutter aber sitzt droben am Fenster und weint, als sie den Wagen wieder davonfahren sieht. Sie weint herzzerreißend, denn gerade diese Tochter war ihr Sorgenkind. Jetzt fühlt sie sich verloren und verlassen. Das Bitterste aber auf dieser Welt, das sind die Tränen der verlassenen Mütter.

Nun, so ist es leider allzu oft, aber es könnte doch sein – ich habe halt mitunter so meine Gedanken –, daß Petrus droben in seiner Pforte sitzt und solche Ungerechtigkeiten in sein Buch schreibt, solche Undankbarkeiten, wie er es nennt, damit sie nicht in Vergessenheit geraten und irgendwann einmal ein bißchen gesühnt werden könnten. Aber als Petrus das wieder einmal seinem Herrn und Meister zeigt, schüttelt

Gottvater traurig sein Haupt und meint: »Ja, ja, ich weiß es, ich weiß alles. Es gibt aber auch eine Menge anderer, die ihre Mutter achten und ehren und lieben, bis daß sie ihre Augen zum ewigen Schlaf schließt.«

Und da hat der liebe Gott schon recht. Ich sehe das ja selber ringsum. Die Talhamermutter zum Beispiel, ihre Füße sind gelähmt, aber dieser Andreas, ihr ältester Sohn, er trägt sie auf seinen Armen aus dem Haus und setzt sie vorsichtig in seinen Wagen, weil sie ins sonntägliche Hochamt will. Ihretwegen verzichtet er auf den Frühschoppen beim Neuwirt und bringt sie wieder nach Hause. Und am Muttertag, da kommen die Enkel zu mir, damit ich für die Großmutter ein Gedicht schreibe, das sie aufsagen können. Die ganze Stube beim Talhamer ist dann voller Kinder, Schwiegerkinder und Enkel. Sie alle wissen zwar nicht, was sie der Mutter zu diesem Ehrentag schenken sollen, aber die will auch gar nichts, ist zufrieden und glücklich, alle ihre Kinder und Kindeskinder um sich zu haben. Sie ist froh um die Liebe und Verehrung, die man ihr ungehemmt entgegenbringt. Die Mutter sitzt im Lehnstuhl und hat den kleinsten Enkel zu sich auf den Schoß genommen. Dort schlummert er, hat den Daumen im Mund und liegt ganz nah am Herzen der Großmutter.

Es gibt da auch gewisse Sagen, die man sich in den Rauhnächten in den warmen Stuben erzählt. Die von dem armen Holzknecht etwa, der seine Mutter auf seinem Rücken über das Gebirge getragen haben soll, weil sie noch einmal vor der vergoldeten Muttergottes in der Kapelle hat knien, das Glöcklein von Birkenstein noch einmal hat läuten hören wollen. Oder das

Märchen von der getreuen Sennerin, in deren Hütte einmal der Tod zukehrte und ihr erzählte, daß er gekommen sei, um ihre Mutter heimzuholen. Er lasse aber mit sich handeln und gäbe der Mutter noch zehn Jahre, wenn sich die Tochter dafür opfere. Und da habe sich die Tochter über eine Felswand gestürzt.

Mögen es auch nur Sagen sein oder Märchen aus verklungenen Zeiten. Ein Körnchen Wahrheit steckt immer dahinter, und sei es nur die kleine Erkenntnis, daß diese uralten Weisheiten auch heute noch geeignet sind, ein bißchen Wärme in unser nüchternes, kaltes Leben zu bringen.

Der Klostergang

Ich weiß nicht, ob wir jeweils eigens eingeladen waren, oder ob es ein überliefertes Herkommen war, daß wir jedes Jahr am Himmelfahrtstag die Großtante Emilie in ihrem Kloster besuchen mußten.

Mit ihrem weltlichen Namen hieß sie also Emilie, und geboren war sie in irgendeinem tiefen Winkel des Bayrischen Waldes. Ihr Vater soll Glasbläser gewesen sein. Von ihm stammte auch die wundervoll geschliffene Vase mit den Rautenmustern, die dieser Uronkel selber geschliffen hatte und die unsere Mutter hütete wie ihren Augapfel, genauso wie die chinesische Teetasse, die sie einmal von einer Herrschaft geschenkt bekommen hatte.

Die zweite Frau unseres Vaters trug diese zwei Kostbarkeiten einmal ins Leihhaus und konnte sie dann nicht mehr auslösen. Sonst hätte ich sie heute noch in meiner Altertumssammlung.

Aber zurück zum Himmelfahrtstag und zum Klosterbesuch. Dieser Tag warf seine Schatten immer lange voraus. Unter der Woche mußte uns der Vater die Haare schneiden. Er tat dies mit viel Mühe und Hingabe, zwickte uns aber oft mit der Schere, und hernach hatten wir, der Pepi und ich, hinten hinauf viele Stufen und Scharten, Staffeln wie es die Eltern nannten. Aber Hauptsache war, daß sie kurz waren und uns vorne nicht mehr ins Gesicht hereinhingen.

Am Vorabend wurden wir dann in einen großen Waschzuber hineingesteckt und richtig mit Kernseife abgeschrubbt. Danach untersuchte die Mutter unsere Haare nochmals genau mit einem ganz engen Kamm, damit auch ganz bestimmt keine Läuse mehr drin waren, obwohl die schon in der Seifenlauge ersoffen sein mußten.

Tags darauf durften wir dann unsere Matrosenanzügerl anziehen, und der Vater legte schon in aller Frühe, gleich nach dem Rasieren, seine Bartbinde an, obwohl ja alles noch Zeit gehabt hätte, denn der Klosterbesuch sollte ja erst am Nachmittag stattfinden. Das war für meine Mutter ein willkommener Anlaß, wieder einmal mit uns allen zum Hochamt in die Frauenkirche zu gehen. Wenn sie das – selten genug – fertigbrachte, dann sagte sie immer, das sei eine der schönsten Stunden ihres Lebens.

Viel Andacht war bei uns Buben freilich nicht dabei. Der Pepi stellte immer wieder seinen Fuß in die berühmte und sagenumwobene Mulde hinter einer Säule. Es heißt, daß der Teufel wütend in den Lehmboden gestampft habe, als er erfuhr, daß man den Liebfrauendom baute. Wenn man da hineintritt, soll man in der ganzen Kirche kein Fenster sehen, und das stimmt sogar.

Der Vater zwirbelte immerzu seine Bartspitzen, daß sie kerzengerade standen. Die Mutter kniete sich bei der Wandlung auf den harten Steinboden, der Vater verbeugte sich nur leicht und schlug mit den Fingern auf seine Brust. Es gab an diesem Tag kein Mittagessen wie sonst an Feiertagen. Wir gingen von der Kirche in das Gasthaus zum grünen Baum. Dort bekamen wir eine Leberknödelsuppe. »In höchstens drei Stunden bekommen wir sowieso Kaffee und Kuchen im Kloster«, meinte die Mutter.

»Hoffentlich«, entgegnete der Vater und ließ sich schnell noch eine Halbe Bier einschenken.

Nach dem Mittagessen fuhren wir mit der Trambahn bis zur Endstation hinaus. Dann mußten wir zu Fuß fast eine Stunde lang durch den Wald gehen, der sich in seinem schönsten Frühlingskleid zeigte. Wenn man noch im Kindesalter steht, dann begreift man nicht, welch eine Gewalt in die Natur gekommen ist, wenn sie sich so erneuert, nach einem langen, kalten Winter. Fast unheimlich schien die Kraft, mit der sich dieser Frühling über den Wald geworfen hatte. Die jungen Triebe hatten so einen berauschenden Duft, vermischt mit dem moderigen Geruch faulender Rinde. Manchmal lief der Vater voraus und machte ein paar Kniebeugen mit vorgestreckten Händen. »Sauerstofftanken« nannte er das. Wir Buben aber gingen sittsam an der Hand der Mutter. Wenn ein Windstoß durch die Bäume strich, dann flatterten die Bänder an unseren Matrosenmützen.

Endlich kamen wir zum Kloster. Schneeweiß schimmerten die Mauern unter den grünen Tannen heraus. Wir bekamen noch ein paar Verhaltensmaßregeln, so einen Hinweis auf die strikte Notwendigkeit des tiefen Knickses bei der Begrüßung. Auch sollten wir beim Kaffeetrinken nicht schlürfen und keinesfalls eine Tasse mit zwei Händen heben.

Der Vater sagte wieder: »Wenn wir nur das schon hinter uns hätten.« Dann drückte er am Mauersims seine Virginia aus und schob den Stummel in die Joppentasche. Diese Stummel pflegte er fein zu schneiden und in seine Pfeife zu stopfen.

Dann zog er am Klingelstrang, der Glockenschlag

ging dröhnend durch das stille Haus. Eine Schwester an der Pforte war sehr ungehalten, weil wir so stürmisch geläutet hatten. Sie mußte es an der Leber haben, weil sie so eine gelbliche Hautfarbe hatte. Erst als wir sagten, zu wem wir wollten, wurde ihr Gesicht freundlicher, und sie meinte, sie werde die ehrwürdige Mutter gleich rufen, wir sollten inzwischen nur in das Besuchszimmer treten.

Früher einmal hatte die Großtante Schwester Edelgund geheißen. Dann muß sie im Laufe der Jahre etwas Höheres geworden sein, Äbtissin oder so.

Im Besuchszimmer waren die Tische weiß gedeckt. Vorne am Fenster saß bereits eine andere Familie mit einer Ordensschwester. Ein Mädchen in einem roten Kleid mit einer blauen Masche im Haar war dabei. Die Kleine rutschte dauernd auf dem Stuhl hin und her, und ich beschloß, mich später an sie heranzupirschen, um sie zu fragen, wer sie sei und wo sie herkomme und ob sie vielleicht auch eine Großtante hier hätte, die eine ehrwürdige Mutter sei. Sie flüsterten nur miteinander, man konnte nichts verstehn.

Dann ging die Tür auf, ganz lautlos – hier schien überhaupt alles auf Stille abgestimmt zu sein –, und die Großtante schwebte auf uns zu. Sie war groß und kräftig gebaut, hatte eine Brille mit Goldrändern auf der Nase und auf dem linken Nasenflügel eine kleine Warze. Ich erinnerte mich sofort, daß ich auch einmal auf der oberen Handfläche eine kleine Warze gehabt hatte. Die Mutter hat dann eine Schnecke im Garten gesucht und sie mir über die Warze laufen lassen. Die Warze war dann vergangen. Und dann wäre mir beinahe das Lachen ausgekommen, weil ich mir vorstellte, wie eine Schnecke über die Nase der ehrwürdigen Mutter Oberin kriecht.

Aber sonst war sie eine imponierende Erscheinung, etwas geradezu Hoheitsvolles ging von ihr aus – man sagte ja schließlich nicht umsonst »ehrwürdige Mutter« zu ihr. Um den Hals trug sie eine ziemlich starke Kette, an deren Ende ein Kreuz hing.

»Gott zum Gruß«, sagte sie endlich und reichte zuerst meiner Mutter die Hand – vielmehr nur die Fingerspitzen. Dabei sagte sie: »Nun, mein liebes Kind, wie geht es dir?«

»Liebes Kind«, sagte sie zu meiner Mutter, die schon auf den Dreißiger zuging. Demnach wären ja der Pepi und ich noch die reinsten Embryos. Ob sie zum Vater auch »liebes Kind« sagte? Nein, den nannte sie »Ehemann Johann«. Dann legte sie uns ihre Hand aufs Haar und sagte zu den Eltern:

»Das sind also eure Kinderlein. Nein, wie die Zeit vergeht. Im vorigen Jahr seid ihr noch viel kleiner gewesen.«

Welch eine Weisheit! Ist es denn nicht Gottes Wille, daß der Mensch wachse und gedeihe. Und daß er fruchtbar sei und sich vermehre. Aber damals wußte ich das noch nicht.

Sie sprach noch so mancherlei zu uns Kindern, hauptsächlich zu mir, weil ich der Ältere war. Aber daß ich auch ein schönes Kind sei, das sagte sie nicht. Und darauf hatte ich eigentlich gewartet. Dann machte sie eine elegante Bewegung zu den Sesseln hin. Nachdem sie auch Platz genommen hatte, klatschte sie in die Hände. Eine der weißlackierten Türen öffnete sich, und eine junge, bildschöne Schwester erschien.

Wie ein Engel schwebte sie daher, und mein Vater sagte am anderen Tag noch beim Mittagessen: »Ich versteh' gar nicht, daß so was ins Kloster gehn kann. Die begreift ja überhaupt nicht, was damit der Welt verlorengeht.«

Wie die Mutter Oberin hatte auch die junge Schwester ihre Hände in den weiten Ärmeln der Klosterkleidung versteckt, als ob sie an den Händen frieren würde.

»Schwester Almanda, Kaffee und Kuchen, bitte.«

»Für die Kinder auch?«

»Nein, für die Kinder natürlich nicht. Die kriegen Milch oder Kakao, und für mich bitte ein Glas Orangensaft.«

Ich blickte der jungen Schwester so lange ins Gesicht, bis sie ein bißchen lächelte. Das war gerade so, als sei ein Sonnenstrahl hereingebrochen in diesen düsteren Raum. Der Vater schaute ihr übrigens auch nach, als sie wieder davonschwebte, aber nur unauffällig, so unter den Brauen heraus, damit es die Mutter nicht merke.

Die Großtante war sonst eigentlich recht liebenswürdig, fragte nach der Gesundheit von uns allen, ob wir auch fleißig in die Kirche gingen und die Fasttage einhielten.

»Da gibt's allerweil Kartoffelbaunkerl. Bloß der Vater kriegt ein Fleisch«, plapperte der Pepi vorlaut. Es war aber auch so ziemlich das einzige, was er sagte.

»Nein, nein, es ist in der Beziehung schon alles in Ordnung«, versicherte meine Mutter, und die Großtante nickte, daß das Kreuz an ihrer Brust schaukelte.

Es wäre soweit alles in schöner Harmonie verlaufen,

aber dann stellte die ehrwürdige Mutter eine Frage, die ein bißchen peinlich war:

»Wie lange seid ihr jetzt schon verheiratet?«

»Sieben Jahre«, antwortete mein Vater, worauf ein tadelnder Zug in das Gesicht der Mutter Oberin trat:

»Und erst zwei Kinder?«

Die Mutter wurde rot und stotterte, daß sie sich sehnlichst noch ein Mädchen wünsche. Der Vater aber bekam die uns wohlbekannten strengen Falten auf der Stirn und bemerkte respektlos: »Der Gehalt eines Lokomotivheizers ist nicht so groß, daß man sich eine Stube voll Kinder leisten könnte.«

Die Mutter Oberin schluckte ein paarmal und sagte dann etwas von einem Sperling auf dem Dach, und daß der Herr niemanden vergesse, wenn man an seine Allmacht glaubt.

»Ja, der Herr«, antwortete mein Vater ungeniert, der Herr könne wohl auch nicht aus einem Heizer mir nichts, dir nichts einen Oberlokomotivführer machen.

Von nun an schnitt die Mutter Oberin meinen Vater. Der langte in seine Joppentasche und zog die schmale Schachtel mit den Virginias heraus, schob sie aber gleich wieder ein, weil ihm noch rechtzeitig einfiel, daß er hier nicht rauchen durfte. Es hätte des entsetzten Blickes meiner Mutter gar nicht bedurft.

Zum Glück kam jetzt das Getränk und der Kuchen. Die schöne junge Schwester Almanda schnitt ihn an. Ich betrachtete ihre Hände, die schmal und weiß waren. Vielleicht haben die Engel so schmale Hände, dachte ich voll Bewunderung.

Es war ein Marmorkuchen, der da aufgetragen wurde, ganz gelb. Aber mit der Schokolade hatten sie ein wenig gespart. Die gelben Stücke waren nur mit ganz schmalen braunen Streifen durchzogen.

Die Mutter Oberin sagte dann: »So, nun langt zu und laßt es euch schmecken. In dem Kuchen sind acht Eier drin.«

In der geblumten Zuckerdose war auch so eine schmale Zange, wie sie zum Herausnehmen der Zuckerstücke gehört. Der Vater nahm die Zange mit der rechten Hand heraus und betrachtete sie eine Weile. Dann nahm er mit zwei Fingern der Linken ein Zuckerstückchen heraus, zwickte es in die Zange und ließ es in die Tasse fallen. Das gefiel ihm scheinbar, weil er so schelmisch schmunzelte. Die Mutter aber wurde wieder puterrot im Gesicht, und die Oberin blickte zur Decke, wo ein Gemälde eine Gruppe von Engeln zeigte, die um Gottvater herumsaßen und ihm zuhörten. Vielleicht erzählte er ihnen gerade von dem Mann da drunten in der Klosterstube, dem es ein wenig an Kultur mangelte. Er habe zwar die Welt geschaffen und den Menschen. Aber Kultur müsse sich schon jeder selber aneignen. Man könne auch Bildung dazu sagen. Jedenfalls, Zuckerzangen habe er nicht erfunden.

Sonst verlief alles ganz harmonisch,. und wir machten unserer Mutter alle Ehre. Wir schlürften nicht und hielten die Tasse mit zwei Fingern. Die Ehrwürdige erzählte uns aus dem Leben des heiligen Franziskus, und wir hörten andächtig zu, bis der Pepi plötzlich vornehmlich sagte: »Bisln muß ich.«

Die Mutter tat so, als habe sie es nicht gehört, aber mein Bruder ließ nicht nach und wiederholte hartnäckig:

»Wenn ich sag', ich muß bisln, dann muß ich bisln. Sonst geht es in die Hose rein.«

»Hinten rechts, die letzte Tür«, sagte die Mutter Oberin mit eisiger Würde, und die Mutter ging mit dem Pepi hinaus.

»Alles ist menschlich«, kommentierte der Vater, der meinte, auch etwas sagen zu müssen.

Aber die Mutter Oberin schwieg, schaute nur zu mir her, weil ich schon das dritte Stück Kuchen nahm. Ja, sie lächelte zum erstenmal kaum merklich:

»Es freut mich, daß es dir so schmeckt, Hansi. Es sind ja auch acht Eier drin. Du bist doch der Hansi, oder?«

Ich nickte und mampfte.

»Hoffentlich nach Johannes dem Täufer?«

Statt meiner antwortete der Vater.

»Ja, es ist ein Sommerhansl.«

Dann kam die Mutter wieder mit dem Pepi zurück. Der Vater zog immer wieder seine Taschenuhr und zwinkerte der Mutter zu. Die nickte kaum merklich und sagte dann: »Ja, wir wollen unseren Besuch nicht über Gebühr ausdehnen. Wir müssen schön langsam ans Heimgehen denken.«

Die andern Herrschaften waren bereits gegangen. Sie mußten wohl etwas Besseres sein, weil draußen auf sie ein Fiaker wartete.

»Ja, brechen wir auf«, sagte der Vater entschlossen und stand auf. Zugleich mit ihm stand auch die Mutter Oberin auf und verzog das Gesicht, weil sie ein ramponiertes Hüftgelenk hatte. Wenn sie länger sitze und dann aufstehe, dann schmerze es wie ein Messerstich in der Hüfte, erklärte sie meiner Mutter.

»Mit Dachsfett einschmiern«, empfahl der Vater.
»Mit was, bitte?«
»Mit Dachsfett. Hundsschmalz ist gut für eine kranke Lunge und Dachsfett für die Gelenke.«
»Ich trage mein Leiden, wie es mir auferlegt ist«, antwortete die Mutter Oberin. »Unser Herr und Heiland hat noch viel mehr aushalten müssen. Angefangen von der Dornenkrone bis zur Kreuzigung. Und alles aus Liebe zu uns sündigen Menschen.«

Ja, nun war der Abschied endgültig gekommen. Wir Buben reichten brav die Hand, und es wurde uns das Kreuzzeichen auf die Stirn gemacht. Der Vater erhielt wieder nur die Fingerspitzen, die Mutter aber wurde sogar in den Arm genommen.

»Der Herr sei mit euch«, flüsterte die Ehrwürdige. Meine Mutter antwortete: »Und mit deinem Geiste.« Ich meinte auch etwas Erhabenes sagen zu müssen und sagte laut und deutlich: »Und mit dir auch, Großtante.«

Das war natürlich wieder verkehrt. Aber ich habe es gut gemeint. Kaum waren wir draußen, zündete sich der Vater sofort eine Virginia an, tat ein paar hastige Züge und sagte dann: »Gott sei Dank, das hätten wir wieder einmal hinter uns.«

Die Mutter wartete, bis wir ein Stück vom Haus weg waren. Dann machte sie ihrem Herzen Luft. »Du bist ungerecht. Was hat dir denn die Großtante schon getan?«

»Tun soll sie mir auch noch was. Das wäre dann die Höhe.«

»Du tust ja gerade so, als wärst du aus dem Gefängnis entlassen worden.«

»Da hast du aber recht. Recht viel anders ist es mir auch nicht vorgekommen.«

»Du hast überhaupt keine Pietät. Die Großtante lebt einfach und abgeschlossen. Sie dient dem lieben Gott und betet für uns.«

»Ja, weil sie sonst nichts zu tun hat. Und was heißt da schon, abgeschlossenes Leben? Essen tut sie jedenfalls nicht schlecht. Meiner Schätzung nach wiegt die über zwei Zentner.«

»Wenn du nur lästern kannst.«

»Ist ja wahr auch. Da hockst' zwei Stund da drinnen, darfst nicht rauchen, kriegst kein Bier und mußt dir recht gscheite Bibelsprüch anhörn. Überhaupt war es eine Frechheit, nach einem dritten Kind zu fragen. Sie braucht's ja nicht aufziehn.«

Dann redeten sie lange nichts mehr. Die Mutter war beleidigt. Jedoch, lange hielt sie das nie durch, und sie hatte auch schon einen Entschluß gefaßt. »Im nächsten Jahr bleibst du daheim, dann sind wir wenigstens nicht blamiert. Langt der mit den Fingern ins Zuckerschüsserl hinein. Für was meinst denn du, daß die Zange drin war?«

Der Vater blieb stehen und zündete seine erloschene Virginia wieder an. »Ja, da hast recht, Mama. Hernach hab' ich es auch gespannt, zu was die Zange gehört hätte. Der Kaffee war übrigens nicht schlecht und der Kuchen auch nicht.«

»Da waren ja auch acht Eier drin«, bemerkte ich.

Dann stiegen wir wieder in die Trambahn, die uns in die Stadt zurückbrachte. Ein bisserl ein schlechtes Gewissen muß er schon gehabt haben, mein Vater, weil er der Mutter gar so galant vom Trittbrett half. Er zog wieder seine Uhr und sagte: »Du hast doch nichts dagegen, Weiberl, wenn ich noch ein bisserl an meinen Stammtisch geh'?«

Die Mutter hatte nie etwas dagegen. Er hätte gar nicht so schmeichlerisch »Weiberl« sagen brauchen. Sonst sagte er ja auch immer nur Mama oder Anna, ganz selten einmal Alte.

O ja, die Mutter gönnte unserem Vater schon seine kleinen Vergnügungen. Gleichzeitig meinte sie aber, dies vor uns Kindern rechtfertigen zu müssen. »Der Vater muß die ganze Woche schwer arbeiten und braucht ein bisserl Abwechslung.«

Dieser strebte schon seiner Stammwirtschaft zu, blieb aber noch mal stehen und fragte: »Habt ihr überhaupt etwas zum Essen daheim?«

»Von gestern ist noch ein bisserl Gulasch da. Das wärmen wir uns auf.«

Dann verschwand der Vater hinter der Wirtshaustür, und wir gingen heim in unsere Wohnung – eine große Wohnküche und zwei Schlafzimmer. Bad hatten wir keines, das Wasser mußten wir im Gang draußen holen, und auch die Toilette war draußen und wurde von allen, die im ersten Stock wohnten, benutzt. Zwanzig Mark kostete die Wohnung, und der Vater hat furchtbar geschimpft, als der Hausherr die Miete um zwei Mark steigerte. »So ein Sauhund. Bedenkt denn der Kerl nicht, daß das fünf Maß Bier sind?«

Sonst aber waren wir alle miteinander glücklich und zufrieden, sehr zufrieden sogar.

Die Perle

Am nördlichen Ausgang des Dorfes stand ein Landhaus, das etwas geschmacklos gebaut war. Die Bauern nannten es Villa. Ein großer Baumgarten war dabei, fast schon ein Wald. Das gab dem Haus einige Würde. Aber es ist ja nicht so wichtig, wie ein Haus ausschaut, wichtiger sind die Menschen, die darin wohnen.

Das Haus gehörte einem Professor, der ein Genie auf dem Gebiet der schönen Künste war. Maler zu sagen, wäre viel zu wenig gewesen. Kunstmaler war er, und er hatte einige bedeutende Werke geschaffen, die ihn bereits zu Lebzeiten unsterblich gemacht hatten. Er war ein ausgesprochen feiner Mensch, naturverbunden und den Menschen zugetan, auch den armen Menschen und den einfachen Bauern. Die Gemeinde hatte ihn zum Ehrenbürger ernannt, und in seinem Atelier hing auch sonst eine Menge Auszeichnungen, die er erhalten hatte.

An seiner Seite lebte eine fast leidenschaftslose Frau, die sich in Aquarellen versuchte, aber doch nie das Richtige traf. In einer Familie soll es ja auch immer nur ein Genie geben. Dann war noch ein dienstbarer Geist da, den die Professors ihre »Perle« nannten, ein Mädchen von der schwäbischen Alb namens Bärbel. Kümmerte sich um alles, das Haus, den Garten, den Einkauf, dazu war sie rechtschaffen und ehrlich. Wenn sie etwas einkaufte, ließ sie sich eine Quittung geben, und anhand dieser Unterlagen rechnete sie dann am Wochenende mit ihrer Herrschaft ab.

Sie war gut gewachsen, hatte dunkles Haar in reicher Fülle und haselnußbraune Augen. Aber sie war ungemein stolz. Die Dorfburschen wären scharf auf sie gewesen, doch sie hatte so eine eigenartige Weise, einen von oben her anzusehen, daß einem die Lust verging, etwa weitere Worte an sie zu verschwenden. Es war gerade so, als hätte sie sich von der kalten Leidenschaftslosigkeit ihrer Herrin in den Jahren etwas angeeignet. Mich mochte sie nicht. Ich weiß nicht, warum.

Ein weißer Pudel war auch im Haus. Den streichelte sie mit einer geradezu hingebenden Zärtlichkeit.

»Hallo, junger Mann«, grüßte mich der Professor einmal über den Gartenzaun herüber, als ich vorbeiging. »Was macht die Schriftstellerei?«

Ich errötete ein bißchen, denn der Titel stand mir ja noch nicht zu. Außer ein paar Novellen, Kurzgeschichten und Lokalberichten für die Kreiszeitung hatte ich noch nichts geschrieben. Wenn er Lokalberichterstatter zu mir gesagt hätte, wäre ich auch zufrieden gewesen. Nein, er nannte mich Schriftsteller oder Herr Autor.

»Danke, Herr Professor«, antwortete ich. »Es geht so.«

»Ach, kommen Sie doch herein und trinken Sie eine Tasse Kaffee mit.« Der Pudel sprang mir gleich wütend gegen die Beine. Der mochte mich scheinbar auch nicht.

Wir unterhielten uns recht nett über allgemeine Dinge. Auch die Frau beteiligte sich daran. Nur für die Perle war ich Luft, sie fragte nur, als sie mir Kaffee einschenkte: »Nämen Se Zucker?«

»Nein, danke.«

Da passierte es mir, daß ich den Kaffee verschüttete und ein brauner Fleck auf dem weißen Tischtuch erschien. Ich entschuldigte mich, und selbst die Frau Professor meinte beruhigend, daß dies nichts ausmache. Im Leben, setzte sie hinzu, wird oft mehr verschüttet als ein paar Tropfen Kaffee. Die Perle legte eine Serviette über den braunen Fleck. Am andern Tag trug sie die Tischdecke zur Reinigungsanstalt und schickte mir hernach die Rechnung.

Daß das im Sinn der Gastgeber war, glaubte ich nicht. Auf alle Fälle wollte ich das nächstemal besser achtgeben. Aber wann würde schon das nächstemal sein. Der Tag kam schneller, als ich es mir hatte träumen lassen. Die Frau Professor hatte ein Aquarell verkaufen können, und das wollte man ein bißchen feiern. Man lud mich in aller Form zu einem Abendessen ein. Es gab Rehragout mit Knödel, dazu Frankenwein. Diesmal wurde das Gespräch schon auf höherem Niveau geführt und schlug einen Bogen von der Malkunst über die Bildhauerei zur Literatur. Da konnte ich schon eher mitreden. Nachdem wir Löns, Hamsun und Thomas Mann besprochen hatten, meinte der Professor, daß ein Schriftsteller seiner Ansicht nach eigentlich vier Augen und vier Ohren haben müsse, um alles erfassen zu können, was sich um ihn abspielt. Und man müßte die Seele zwischen den Zeilen des Geschriebenen lesen können.

Hier widersprach ich ihm und antwortete: »Seele? Ja, ich weiß nicht, Herr Professor. Ich glaube, daß es eher das Herz sein muß, daß man überhaupt mit dem Herzen schreiben muß, daß es wieder zu anderen Herzen finden kann.«

Der Herr Professor wiegte zuerst den Kopf ein wenig hin und her, dann sah er mich lange über den Rand seiner goldgefaßten Brille an und nickte. »Da haben Sie ein kluges Wort gesprochen, junger Mann. Ja, ja, Sie haben schon recht.«

Die Perle aber sah mich mit funkelnden Augen an und zischte: »Wie könnet Se sich erlaube, de Herrn Professor zu widerspreche? Wann de Herr Professor sagt, es ischt die Säle, dann ischt es die Säle.«

»Bärbel«, mahnte die Frau Professor vorwurfsvoll. Diese Bärbel war aber davon nicht sonderlich beeindruckt. Wenig später aber, als ich erklärte, daß Nachtarbeit das Gehirn doch oft recht anstrenge, sagte diese Person frech: »Soferne man eines hätt'.«

Diesmal tadelte sie der Professor ernsthaft: »Bärbel, ich muß Sie ernsthaft darauf hinweisen, daß es unanständig ist, einen Gast in unserm Haus zu beleidigen. Merken Sie sich das gefälligst.«

Daraufhin bekam sie einen hochroten Kopf, stand auf und ging hinaus. Der Herr Professor war scheinbar ihr Abgott. Die Frau aber sagte entschuldigend: »Sie ist ja sonst eine Perle, nur manchmal ein bißchen vorlaut.«

Ja, das fand ich schon auch. Ich dachte, wenn sie mir jetzt wieder einmal im Dorf begegnete, würde sie sich ihrer Schuld schon bewußt sein und etwas Freundlichkeit zeigen. Aber da täuschte ich mich schwer. Sie sah mich überhaupt nicht an, sondern schaute stur auf die andere Seite hinüber. Sie trug mir scheinbar nach, daß der Professor sie um meinetwillen gerüffelt hatte. Ich war eben ein Nichts für sie, eine Null, ein kleiner Schreiberling ohne jede Berechtigung zu einem Höhenflug.

Allmählich wurde mir aber diese Brüskierung zu dumm und ich beschloß, ihr einen Brief zu schreiben. Keinen Liebesbrief, dazu verspürte ich wahrhaftig keine Lust. Nein, ein kalter, ironischer Brief sollte es sein, der sie dorthin traf, was sie »Säle« nannte. Ich mußte mir wirklich Mühe geben, den richtigen Ton zu treffen. Der Brief durfte kein Blindgänger sein, er mußte einschlagen wie ein Blitz, er mußte niederschmettern, ohne beleidigend zu sein, denn die wäre im Stande, mich dann anzuzeigen.

»Wenig geehrtes Fräulein«, schrieb ich. »Sie scheinen zwar der Meinung zu sein, daß ich wenig oder gar kein Hirn hätte. Ich kann Ihnen zwar das Gegenteil nicht beweisen, will es auch gar nicht, aber eines kann ich Ihnen versichern: Ihretwegen werde ich es nie anstrengen. Sagen Sie einmal, auf was bilden Sie sich eigentlich soviel ein? Auf Ihren üppigen Busen vielleicht, der zugegebenermaßen auch des Ansehens wert ist. Nach menschlichen Erkenntnissen schlägt hinter so einem kleinen Milchgeschäft aber auch ein Herz. Daran fehlt es aber bei Ihnen, und wahrscheinlich haben Sie dort einen Stein. Und Steine können nicht reden, geschweige denn einmal lachen. Wieso kommen Sie eigentlich dazu, den Kopf so hoch zu tragen. Meine einzige Sorge ist, daß Sie einmal unversehens in einen Regen geraten könnten und es Ihnen dann bei den Nasenlöchern hineinregnet. Ohne wenig Hochachtung zur Kenntnisnahme.«

Zwei Tage später begegneten wir uns wieder, ausgerechnet auf dem schmalen Steg, der über einen Bach führte. In der einen Hand hielt sie die Leine des Pudels, in der andern trug sie ein Einkaufskörbchen. Ich hatte den Steg noch gar nicht betreten, da riß sich der Hund von ihrer Hand los und fuhr mir kläffend gegen die Waden. Erschrocken sprang ich einige Schritte zurück und spürte, wie ich rot wurde. Schon so ein kleiner Köter kann dich lächerlich machen, dachte ich.

Da kam sie schon über den Steg daher, würdigte mich keines Blickes und ging an mir vorbei. Plötzlich blieb sie stehen und fragte mich mit gefurchter Stirne: »Hän Se des Briefle geschriebe?«

»Jawohl. Das war mir ein Bedürfnis.«

»Dann sind Se ein ganz freches Hündle.«

»Ein was, bitte?«

»Se hän scho richtig g'hört, ein ganz freches Hündle.«

»Das hat mir auch noch niemand gesagt. Und wissen Sie, was Sie sind.«

»Saget Se es lieber net. In manchäm mögen Se sogar recht habe, was Se in dem Briefle geschriebe habe.« Sie lockte den Pudel herbei und nahm ihn wieder an die Leine. Dann richtete sie sich auf und sah mich auf einmal mit einem ganz anderem Blick an. Ihre Stimme vibrierte ein wenig, als sie sagte: »Ma ka net immer guter Laune sei, wenn ma koi Büble hät.«

Aha, das fehlt ihr, dachte ich, schaltete aber absichtlich nicht schnell, faßte mit beiden Händen das Steggeländer und schaute ins Wasser, zu den Forellen. Erst nach einer Weile wandte ich den Kopf nach ihr und meinte: »Das dürfte Ihnen doch nicht so schwer fallen.«

»O saget Se des net. Se selber schreibe doch, daß ich koi Herzle hät.« Sie bückte sich jetzt wieder, ließ den Pudel von der Leine und faßte neben mir auch mit beiden Händen das Geländer. Täuschte ich mich, oder schimmerte es in ihren Augen doch feucht. Sie tat mir fast ein bißchen leid, und so sagte ich entschuldigend: »Sie dürfen das nicht so ernst nehmen. Das sind so Inspirationen, die mir manchmal so zufallen.«

»Ja, aber daß Se diese Inpritzionen ausgerechnet auf mich loslasse, das hat mich am meisten schmärzlich berührt. Und daß Se meinen Busen als Milchgeschäft bezeichnen. So einen Ausdruck han ich noch nie gehört.«

Nun mußte ich lachen, weil sich das so drollig anhörte.

»Jetzt lachen Se auch noch, wenn ich so was ordinär finde.«

»Finden Sie ihn lieber originell. Sie sollten überhaupt nicht alles so tragisch nehmen.«

»Mein Herzle ischt halt sehr empfindlich.«

»Davon habe ich bisher noch nicht viel bemerkt, aber wenn es wirklich so ist, dann bitte ich tausendmal um Entschuldigung.«

»Ja, dann ischt's gut. Wann sich a Mensch für seine Fehler entschuldigt, dann isch er koi schlechter Mensch.«

Wie die Forellen da drunten umeinanderflitzten, und wie ihre Rücken in der Sonne silbern glänzten, wenn sie aus dem Wasser schnellten. Es war überhaupt ein so schöner Morgen. In den Uferbüschen flüsterte ein feiner Wind, der auch den Rauch aus den Kaminen der Häuser kräuselte. Wir standen ganz allein, nur der Pudel grub weiter vorne in der Wiese in einem Mausloch. Zwei Schmetterlinge umgaukelten unsere Gesichter. Ich wagte es, meine Hand auf die ihre zu legen.

Sie zuckte keineswegs zurück, sah mich nur an und lächelte. Zum erstenmal sah ich sie lächeln, und das verwandelte ihr Gesicht, als verweile ein Sonnenstrahl über einer Marmorstatue. Ich bedauerte, ihr geschrieben zu haben, daß ich mein Hirn um ihretwillen niemals anstrengen würde. Jetzt hatte ich das Gefühl, als ob ich das in nächster Zeit doch tun müßte.

»So ein schöner Morgen«, sagte sie plötzlich.

»Ja, man müßte sich jetzt bei den Händen fassen und losrennen, in den Wald hinauf, im Moos hocken, oder in einer verlassenen Hütte sitzen und auf den Schlag der Herzen hören.«

»Schön, wie Se das sagen. Aber ich hab' ja leider koine Zeit. Muß jetzt einkaufe, sonscht bleibet mittags der Tisch leer.«

»Ach so, ja. Was gibt es denn Gutes bei Ihnen heute?«

»Kalbsvögele und Spätzle. Des mag der Herr Professor so gern, wisset Se.«

»Mögen Sie wohl arg gern?«

»Kalbsvögele und Spätzle? No ja, ischt halt a schwäbische Koscht.«

»Nein, ich meine ja den Herrn Professor.«

»Ach so. Hano, er ischt a guater Mann. Freundlich und so richtig sozeal, wisset Se.«

Nun rief sie den Pudel wieder herbei und hing ihn an die Leine. Dabei klagte sie: »Jetzt schau dich wieder a, was du für dreckige Pfötle hascht.« Und sich wieder aufrichtend. »Was treiben Se denn am Abend immer so?«

»Ach Gott, ich lese viel, denke viel nach und laß mich von den Stimmungen einlullen.«

»Einlullen, ja des ischt guat.« Sie schaute wieder zum Kirchturm hinüber auf die Uhr. »Jetzt muaß ich aber wirklich gahn. Bloß noch so nebenbei. Am Samstag, da fährt mei Herrschaft wieder auf vier Wochen fort. Nach Venedig, glaub' ich. Wenn Se einmal gar net wisse, was Se tun solle, dann schaun Se halt einmal vorbei. Wenn Se dreimal 's Klingele ziehn, dann weiß ich, wer draußen ischt. Also – auf Wiedersähn und a guats Tägle.«

Sie gab mir die Hand und sah mich wieder an. Lange sah sie mich an, so, als warte sie darauf, von mir zu hören, daß ich klingeln würde. Ich versprach aber nichts, sah ihr nur nach, wie sie über den Hügel hinauf davon ging, bis sie nicht mehr zu sehen war. Nur den Pudel hörte ich noch eine Weile bellen.

Es war für mich eine der seltsamsten Begegnungen mit einem Mädchen, und ich war mir da nicht schlüssig, ob ich sie am Samstag besuchen sollte. Ja, wenn ich gewußt hätte, daß sie dann auch gefüllte Kalbsvögerl machen würde, dann wäre ich schon hingegangen, denn ich aß damals als Junggeselle in meiner Stammwirtschaft im Abonnement für sechzig Pfennige. Fünf Junggesellen waren wir damals, alle hatten diesen Vorzugstarif, es war gut und reichlich, aber gefüllte Kalbsvögerl gab es halt doch nicht um diesen Preis.

Aber nur wegen der Kalbsvögerl wollte ich auch nicht hingehn, das kam mir ein bisserl schäbig vor. Ganz sicher erwartete sie etwas von mir, denn sie hatte ja gesagt, daß man nicht immer guter Laune sein könne, wenn man »koi Büble« habe.

Sollte ich dieses Büble sein oder werden. Die Lust dazu war nicht groß, und ich würde am Samstag lieber zu einem Volksfest fahren oder sonstwohin. Auf die Alm könnte ich auch gehn und wieder einmal eine ganze Woche oben bleiben.

An diesem Samstag jedoch regnete es in Strömen, und so machte ich mich dann halt doch auf den Weg zur Malervilla. Regenschirm hatte ich keinen, so hielt ich eine leere Persilschachtel über meinen Kopf und lief ziemlich schnell.

Ich zog dreimal an der Klingel. Der Pudel begann sofort hartnäckig zu bellen. Dann hörte ich die Stimme der Perle: »Bischt net gleich ruhig, Hexele.«

Die Türe öffnete sich, und das Mädel stand vor mir, in einem sehr netten, geblumten Hauskleidchen und mit gewelltem Haar. Wahrscheinlich hatte sie kurz zuvor noch Lockenwickler auf dem Kopf gehabt, denn eins von diesen Dingern entdeckte ich noch hinter ihrem Ohr.

»Das ischt aber nett, daß Se kommen. Bitte, treten Se ein.«

Ich trat in den Flur und war nicht wenig erstaunt, als sie mir ein paar Filzpantoffeln des Herrn Professors vor die Füße stellte und von mir verlangte, daß ich meine Schuhe ausziehen sollte. Das war mir äußerst peinlich, denn ich wußte nicht genau, ob ich nicht ein Loch im Socken hatte. Etwas in mir begehrte auf, und ich fragte verdrossen: »Wieso Schuhe ausziehn? Wir gehn doch nicht ins Bett.«

Beinahe hätte ich hinzugefügt: Aber dann möchte ich zuerst was essen. Aber das verschwieg ich lieber.

Sie hätte das Parkett gebohnert, erklärte sie mir, und überhaupt, ich sollte mich ganz wie daheim fühlen. Daheim hätte ich sicher auch Pantoffeln.

»Nein«, antwortete ich. »Daheim habe ich richtige Hausschuhe.«

Ich fühlte mich in den fremden Filzpantoffeln überhaupt nicht wohl. Ich kam mir vor, als hätte man mir meine Männlichkeit gestohlen, wie degradiert kam ich mir vor. Da kann man ja nicht einmal zornig aufstampfen, wenn einem dazu zumute ist. Sie stand vor mir und lächelte mich an. Sie roch nach einem Parfüm, das mir bekannt vorkam. Es war das der Frau Professor. Dann aber sah ich, daß sie mit meinem Kommen bestimmt gerechnet hatte. Der Tisch war schön gedeckt für zwei Personen, mit Weingläsern und Blumen. Es roch verführerisch von der Küche herüber, und so, wie es duftete, schmeckte hernach auch das Essen. Es gab zwar keine Kalbsvögerl, dafür aber Sauerbraten mit Spätzle. Ich durfte die Flasche Frankenwein öffnen und die zwei Gläser einschenken. Sie zündete Kerzen an und schaltete die große Tischlampe aus. Eine wunderschöne Harmonie ringsum, und die wäre vielleicht noch vollendeter gewesen, wenn diese Perle nicht so aufregend direkt gewesen wäre, denn mitten unter dem Essen fiel ihr ein: »An sich ischt es Brauch, daß man wenigstens beim ersten Besuch ein paar Blümele mitbringt.«

Teuflsakra, dachte ich. Ich hätte doch leicht im Vorbeigehen beim Garten des Hörlbauern ein paar Astern abreißen können. Ich bringe auch heute selten einmal Blumen mit, wenn ich wo eingeladen werde. Aber immer ein Buch von mir mit Widmung. Die Damen sagen dann, daß ihnen ein Buch viel lieber sei. Blumen verwelken, ein Buch aber bleibt ewig, sofern es nicht hergeliehen wird und man es nicht mehr zurückbekommt. Aber damals hatte ich noch kein Buch von mir, und einen ausgeschnittenen Zeitungsartikel konnte ich ihr doch nicht mitbringen.

Die Krawatte, die ich eigens ihretwegen umgebunden hatte, passe auch nicht zu meinem Anzug, bemerkte sie nebenbei: Sie sagte mir noch mehr solche Komplimente, und ich dachte: Wenn du so weiternörgelst, dann werde ich nach dem Essen sofort wieder verschwinden. Aber ich blieb dann doch sitzen.

Beim zweiten Schoppen Wein wurde ich selbstsicherer und redete mehr. Als wir wieder einmal die Gläser aneinanderklingen ließen, fragte ich: »Auf Du?«

»Meinetwegen«, lächelte sie. »Aber koi Küßle auf den Mund. Bloß auf die Wange.«

Ihre Wange war weich und rot und ein bißchen flaumbehaart.

»Ich heiße Bärbel«, sagte sie. »Und wie du heißt, das weiß ich ja.«

Mit dem Du redete es sich noch leichter, ich wurde ein bißchen verwegener und faßte nach ihrer Hand. »Hör einmal zu, Bärbel, du schläfst doch auch hier im Haus?«

»Ja, droben, im Dachstüberle.«

»Das kann man wohl nicht besichtigen?«

»Noi, da kommt mir koiner rauf.«

»Wie man nur so hartherzig sein kann.«

»Des hät mit Hartherzigkoit gar nichts zu tun. Aber ich weiß schon, was ihr Büble alles für Hintergedanken hawet. Aber da isch bei mir nichts zu mache. Mei' Mütterle saget immer, das Beschte muß sich ein Mädle aufspare, bis sie vor dem Altar gschtande und a Ringerle am Finger hat.«

»Das sind veraltete Ansichten, Bärbel. Die stammen doch noch aus dem vorigen Jahrhundert.«

»Mainscht?«

»Das meine ich nicht nur, es ist so. Frag doch deine Mutter einmal, ob sie so lang gewartet hat. Weißt du, Bärbel, wir Männer denken da ein bißchen fortschrittlicher.«

»Soo? Was denket ihr denn da?«

»Jetzt paß einmal auf, ich will dir das genauer erklären. Wenn zwei Menschen sich lieben, dann soll man keine Fragenkomplexe voreinander auftürmen, dann soll man ganz einfach dem Drängen des Blutes nachgeben und einander angehören. Und wenn man es aus reiner Liebe tut, dann ist es überhaupt keine Sünde.«

Ich legte den Arm um ihren Hals, sie schmiegte sich jetzt ganz gern an mich, schaute mich aber zweifelnd an: »Wenn ich dich so reden hör, dann komscht du mir grad vor wie das Schlangerle auf dem Apfelbäumle im Paradies. Aber mei' Mütterle sagt . . .«

»Was dein Mütterle sagt, ist zwar ganz schön. Ich glaube, die meine würde auch so was ähnliches sagen, wenn sie noch leben würde. Aber sie lebt nicht mehr.«

»Und dein Väterchen?«

»Ist auch tot.«

»O mein Gott, dann bischt du ja ein Waisenkind.«

Ich nickte. »Ja, ein Waisenkind.«

Ich strich ihr übers Haar und jammerte ein bißchen über meine grenzenlose Einsamkeit und daß ich dauernd auf der Suche sei nach einem Menschen, der bereit sei, diese Einsamkeit mit mir zu teilen. Ich hätte den Wein nicht so schnell hineintrinken sollen, denn sonst hätte ich nicht noch gefragt: »Du wirst ja diese Einsamkeit auch nicht teilen wollen?«

»Hano, da müscht ich halt einmal drüber nachdenke.«

»Ja, Bärbel, denk nach. Aber es wird dir halt schwerfallen, weil du dauernd an dein Mütterle denkst.«

»Dauernd auch grad net. Aber wenn ich da so nachdenke, ein Waisenkindl bischt und einsam.«

»So einsam und verlassen, wie ein Stein auf der Straß'n«, klagte ich und merkte, wie sie sich immer enger an mich drückte.

»Ja, was könnt ma denn da tun?«

Ich antwortete darauf nicht, aber ich küßte sie jetzt auf den Mund. Natürlich merkte ich sofort, daß sie darin nicht viel Erfahrung hatte. Immerhin, an ihr Mütterlein wird sie dabei nicht gedacht haben. Ich setzte einmal zum Schnaufen ab und fragte: »Vor mir war noch keiner an deinem Mund?«

Erschrocken bog sie den Kopf zurück. »Du liabs Herrgöttle. Wie kannst du bloß so was von mir denke?«

»Weil ich eben ein freches Hündle bin. Das hast du mich doch geheißen, oder.«

»Das bischt du jetzt auch grad wieder gwese. Aber nimm des net so tragisch, Büble, das isch auch ein Kosename.«

»Ja, dann ist es schon recht.«

Ich küßte sie wieder, bis sie seufzte: »Ach, Gottele, wie komm' ich denn bloß auf so was. Du gascht einfach her und küssest mich. Und ich nimm es oifach so hin. Warum tust du des eigentlich?«

»Warum? Weil ich dich gern hab'.«

»Ischt des wahr? Zu wieviel Mädle hascht denn des scho g'sagt?«

»Du bist die dritte –«

»Ja siescht du, ich händ noch koinen geküßt. Du hast ja einen ganz schönen Verschleiß.«

Ich wußte es längst, mehr hatte ich heute nicht zu erwarten, und so sagte ich ihr, daß ich nun heimgehen würde. Sofort brachte sie mir meine Schuhe, kniete sich nieder und schnürte sie mir zu.

»Wann kommscht jetzt wieder?« fragte sie und richtete sich auf.

»Das kommt ganz auf dich an. Wann paßt es dir denn am besten?«

»Am liebschten alle Tag. Aber dann täten die Leut bald schwätze. Sagen wir halt jeden dritten Tag. Es kommt halt drauf an, wie dich die Sehnsucht plaget.«

Ich kam dann jeden dritten Tag. Sie wurde immer anschmiegsamer. Im Grunde genommen war sie ein guter Mensch, der auch nachgeben konnte. Ich brauchte jetzt nicht mehr in irgendwelche Pantoffeln hineinzuschlüpfen. Sie war recht gefällig und hatte nie mehr schlechte Laune. Aber als ich mir wieder einmal eine Zigarette anzündete, sagte sie ziemlich barsch: »Rauchen ischt ein Laschter. Ich seh es net gern, wenn du rauchst.«

Ich nahm sie in den Arm und sagte recht väterlich, aber ganz bestimmt: »Jetzt hör einmal gut zu, Mädchen. Du mußt nie versuchen, mich beherrschen zu wollen. Das wäre ein Eingriff in meine persönliche Freiheit. Also, merk dir das.«

»Ich hab's ja bloß gut gemeint.«

»Das bezweifle ich gar nicht. Aber schau, Bärbel, ein kleines Laster hat jeder Mensch.«

»Ischt gut, Büble.«

Als ich das nächstemal wiederkam, lag eine Schachtel Zigaretten neben meinem Teller. Und wie sie auf einmal küssen konnte! Kaum daß sich die Haustür hinter mir geschlossen hatte, fiel sie mir schon um den Hals. Sie sagte, daß sie sich bei mir so geborgen fühle. Um ehrlich zu sein, mir ging es bei ihr nicht anders. Und beide dachten wir nicht daran, daß Professors auch wieder einmal zurückkommen würden. Immerhin hatten wir noch zwei Wochen Zeit.

Ja, so war sie. Eine rauhe Schale nach außen hin, innen aber weich wie Butter. Aber ich verlangte auch keine großen Opfer, und als sie mich dann endlich einmal in ihr Dachstüberl mit hinaufnahm, vergaß sie mir zuliebe dann doch, was sie ihrem Mütterle versprochen hatte. Von dieser Stunde an aber betrachtete sie mich als ihren Bräutigam und sprach vom Häuslebaue.

Eigentlich fühlte ich mich ihr doch schon sehr verbunden. Mit jedem Mal ging ich mehr auf ihre Art ein. Sie entwickelte eine so herzliche, mütterliche Art, und ich hatte plötzlich ein wenig Angst, sie könnte ernstlich auf eine Heirat drängen. Dazu aber spürte ich noch keinerlei Lust, und außerdem hatte ich mir immer vorgenommen, mich erst dann fest zu binden, wenn ich eine Frau auch würde ernähren können. Meine Frau sollte einmal nicht mitverdienen müssen, es sei denn, ich geriete einmal an eine Schriftstellerin, deren geistiges Kapital dann brachliegen zu lassen, wäre sträflich gewesen.

Nein, von Hochzeit sagte meine Bärbel noch nichts.

Eines Abends jedoch eröffnete sie mir, daß sie unbedingt mit mir in die Oper fahren wolle. La Bohème wollte sie sehen und in Erfahrung bringen, wie das mit den »eiskalten Händchen« wirklich zugegangen ist. Gründlich wie sie war, hatte sie sich aus dem Fahrplan die Züge bereits herausgeschrieben.

Ich hatte damals gerade ein höheres Honorar von einer Schweizer Zeitschrift erhalten und war sofort einverstanden. Jetzt konnte ich mich endlich auch einmal erkenntlich zeigen, wenn auch Speisen und Getränke bisher auf Kosten des Professors gegangen waren. Ich wollte mein Mädchen ausführen. Ich sagte nur, daß ich mir dann noch einen dunklen Anzug würde kaufen müssen.

Sie dachte eine Zeitlang darüber nach und meinte dann: »Noi, des brauchst du net unbedingt, Hansibuwi. Der Herr Professor hät soviel Anzüge im Kaschten hängen.«

Zuerst probierten wir einen Smoking aus. Aber in dem fühlte ich mich nicht wohl. Ein dunkler Anzug mit feinen Nadelstreifen hingegen paßte mir wie angegossen. Eine Weste war auch dabei.

Um vier Uhr schon fuhren wir mit dem Bummelzug los, mußten dann umsteigen und waren bereits um fünf Uhr in München.

Bevor wir das Haus verlassen hatten, hatte sie dem Pudel noch gut zugeredet: »Tu mir schön aufs Häusle aufpasse. Wennst brav bischt, bringen wir dir ein Würschtle mit.«

Die Bärbel hatte ein schönes, dunkelblaues Kostüm an und eine weiße Spitzenbluse. Nur die Nerzstola gehörte der Frau Professor.

In München gingen wir dann ins Hotel Vier Jahreszeiten essen. Wenn schon, denn schon, dachte ich. Wir speisten sehr vornehm. Aber selbst da mußte die Bärbel mich ermahnen. »Gib fei obacht, daß du den Anzug net antröpflest.«

Endlich saßen wir dann im Theater. Ich war schon bei den ersten Klängen der Musik wie verzaubert, so daß ich erst später auf die Handlung achtete. Dann freilich lauschte ich jedem Satz, der gesprochen wurde, und hing wie gebannt an dem schmalen, kindlich wirkenden Gesicht der Mimi. Das blonde Haar hatte sie zurückgekämmt. Ein Engel könnte so aussehen, dachte ich. Ein leiderfülltes Geschöpf, dazu verurteilt, nach kurzer wilder Blüte frühzeitig zu verlöschen.

Die Bärbel saß ganz still neben mir, hielt die Hände im Schoß gefaltet und schaute mit großen Augen auf die Bühne. Und wenn sie einmal etwas nicht verstanden hatte, dann zupfte sie mich am Ärmel. »Was hätt' der jetzt g'saget?«

Aber als dann die Mimi auf dem Sterbebett lag, da fing sie hemmungslos zu schluchzen an. Und sie weinte immer noch, als wir den Saal schon verlassen hatten. Bevor wir in die Trambahn stiegen, die uns zum Ostbahnhof bringen sollte, fragte sie: »Gell, am Lüngerl hat sie's gehabt, des arme Kindl.«

»Ja, an der Lunge. Die Schwindsucht halt.«

»Drum hät se gar so bleich ausgschaut. Und gehüstelt hät se auch in einer Tour.«

Wir konnten nur bis zur Vorortsstation fahren, dann mußten wir zu Fuß gehen, denn der Bummelzug zu uns hinaus verkehrte um diese Zeit nicht mehr. Ich überlegte schon, ob wir nicht ein Taxi nehmen sollten, aber die Bärbel war sofort dagegen. »Noi, koi Taxi. Des koschtet bloß ein Haufen Geld.«

So wanderten wir also durch die Nacht. Die Bärbel hängte sich bei mir ein und versuchte sich meinem Schritt anzupassen. Die Nacht war warm und der Himmel von Sternen übersät. Manchmal blieb sie stehen und schmeichelte: »Gib mir a Küßle.«

Und auf einmal sagte sie dann, nach so einem Küßle: »Denkscht du eigentlich nie dran, daß wir einmal heirate könnten.«

So, jetzt war es also doch da. Ich antwortete: »Ehrlich gesagt, Bärbel, daran denke ich jetzt noch nicht.«

»Es muß ja ned gleich morge sei. Aber rede könne wir doch mal drüber. Ich muß dir überhaupt einmal klaren Wein einschenke. Ich hab' mir dreitausend Mark erschpart, und viertausend krieg ich einmal von daheim als Erbgut. Ein bißl was wirscht du ja auch habe. Da könnten wir uns schon ein Häusle baue. Und vielleicht, daß ich dann a Milchgeschäft aufmache. Milch braucht der Mensch immer, auch wenn einmal schlechte Zeiten sind.«

Ich hörte schweigend zu, sah manchmal zu den Sternen hinauf. Es war bewundernswert, wieviel praktischer Sinn in diesem Mädel steckte. Vom Milchgeschäft kam sie auf eine Weinwirtschaft und auf ein Café. Auf dem ganzen Weg durch den Wald kamen ihr laufend neue Gedanken, und ich war eigentlich froh, als ich dann die Lichter unseres Heimatortes sah. Als wir auf das Haus zugingen, begann der Pudel schon zu rumoren, und die Bärbel blieb erschrocken stehen: »Liabs Herrgöttle, jetzt han i tatsichle 's Würschtle vergesse.«

Ich durfte noch mit hineingehen, weil ich ja den Anzug wieder wechseln mußte.

So direkt kam sie in der nächsten Zeit nicht mehr aufs Heiraten zu sprechen. Professors kamen zurück, und mit meinen abendlichen Besuchen war es zu Ende. Es wurde auch schon langsam Herbst und der Waldboden kühler. Vom Wald freilich wollte die Bärbel ohnehin nichts wissen. Zu so was gehört ein »Bettle« her, pflegte sie zu sagen.

An einem Sonntag wurde ich wieder einmal zu Professors eingeladen. Zum Mittagessen. Das war mir eigentlich ein bißchen peinlich, denn die Bärbel behandelte mich so vertraulich, daß es den beiden bald auffallen mußte. Außerdem trug der Herr Professor ausgerechnet jenen Anzug, den ich bei La Bohème getragen hatte. Auch mußte er in seinem Weinkeller etwas bemerkt haben, denn er fragte mich während des Essens: »Sie bevorzugen auch Frankenweine?«

Statt meiner antwortete die Bärbel. »Iphofer Spätlese mag er bschonders gern.«

Die Professors sahen sich an, sehr bedeutungsvoll sahen sie sich an, so daß die Bärbel meinte, ihre Herrschaft nicht im Zweifel lassen zu dürfen. Sie trat hinter mich und legte ihre Hand auf meine Schulter:

»Er ischt nämlich mei' Bräutigam.«

Ich befand mich in einer recht peinlichen Lage, rutschte dauernd auf dem Stuhl hin und her und stotterte etwas daher, daß es jedem Menschen schon in die Wiege gelegt sei, an wen er sein Herz einmal verlieren werde.

»Das glauben Sie doch selber nicht«, sagte die Frau Professor.

Nein, es wurde keine rechte Unterhaltung mehr. Ich wollte nicht mehr zum Kaffee bleiben und log, daß ich einen Verleger empfangen müsse, der mit dem Dreiuhrzug käme.

Der Herr Professor begleitete mich hinaus. Wir standen noch eine kleine Weile auf der Terrasse.

»Ich weiß ja nicht, wie ernst Sie die Angelegenheit nehmen. Die Bärbel jedenfalls hat ihr Herz endgültig an Sie verloren. Unsere Perle«, lächelte er vor sich hin, »unsere Perle ist ein einmaliges Stück. Die sollten Sie eigentlich nicht enttäuschen, junger Mann. Wir werden sie einmal sehr vermissen.«

»Vorerst kann ich noch nicht heiraten«, sagte ich, nur um überhaupt etwas zu sagen.

»Nein, ich meine es jetzt anders. Wir haben mit der Bärbel schon geredet. Oder wissen Sie schon, daß wir das hier verkaufen wollen?«

»Nein, Herr Professor.«

»Ich will mich ganz in Florenz ansässig machen.« Er langte dabei rein zufällig in das rechte Westentascherl und zog ein Trambahnbillett hervor. »Nana?« staunte er. »Wie kommt denn das da hinein. Ich bin seit zehn Jahren nicht mehr mit einer Trambahn gefahren.«

Er sah mich dabei wieder so väterlich verstehend an, daß es mir ganz kalt über die Schultern lief. Ich verabschiedete mich dann schnell.

»Ja, Florenz. Eine bezaubernd schöne Stadt«, schwärmte er. »Aber die Bärbel will nicht mitkommen. Leider. Aber jetzt glaube ich wenigstens den Grund zu kennen. Behüt' Sie Gott, junger Mann. Ich denke, daß wir uns bis zu unserer Abreise noch einige Male sehen werden.«

Ja, wir trafen schon noch öfter zusammen. Aber so ungebunden frei konnten wir uns nie mehr fühlen wie damals in jenen vier Wochen.

Als Professors abgereist waren, fuhr auch die Bärbel zu ihrer Mutter heim, nicht ohne mir das Versprechen abzunehmen, daß ich sie bald besuchen würde auf der schwäbischen Alb, denn ich müßte ja unbedingt ihr Mütterle kennenlernen. Ja, ich sollte gewissermaßen bei den Eltern um ihre Hand anhalten, weil sich das so gehöre.

Nein, es wurde nichts Rechtes mit mir und der Bärbel. Ich war nie besonders scharf darauf, ihr Mütterlein kennenzulernen. Wir schrieben uns noch eine Zeitlang, und wie mir scheinen wollte, fiel sie rasch wieder in ihre ursprüngliche Art zurück, in ihr abweisendes Wesen, in ihre Nörgelsucht, denn einmal schrieb sie mir: »Du hast in Deinem letzten Brief drei Beistrichlein vergessen, oder du hast nicht gewußt, wo sie hingehören, nach Liebe Bärbel aber auf jeden Fall. Mir will überhaupt scheinen, als wären deine Gedanken nicht mehr alle bei mir.«

Ja, da hatte sie zweifellos recht. Es kam manch anderes über mich, das ich entweder zornig oder geduldig zu tragen hatte. Ich schrieb auch wenig in dieser Zeit, es wollte mir nichts Rechtes gelingen.

Da kam zu Ostern ein Brief, der mir wie eine Erlösung vorkam. Die Bärbel schrieb mir, daß ihr Jugendfreund aus Kanada zurückgekommen sei und um ihre Hand angehalten habe, so, wie es sich gehöre. Die Hand habe sie ihm schon gegeben, aber das Herz noch nicht, weil sie es bei mir zurückgelassen habe. Ihr Jugendfreund wolle ein Lokal übernehmen, das »Zum

Kuckucksruf« heiße. Aber nun müsse ich mich ganz ehrlich dazu äußern, wie es mit mir stehe, ob ich überhaupt im Sinn hätte, sie zu heiraten. Aber es sei halt immer noch kein Buch von mir erschienen. Eine Wirtschaft dagegen sei halt doch etwas Sicheres. Ich solle mich kurz dazu äußern, ob ich sie freigeben könne.

Ich schrieb der Bärbel in einem wunderschönen Brief, daß mir gewesen wäre, als habe mein Herz einen Stich erhalten. Nun müsse ich halt mit einem durchlöcherten Herzen weiterleben, denn geliebt hätte ich sie auf alle Fälle. Aber ich wolle ihrem neuen Glück nicht im Wege stehen. Immerhin würde ich ihrer immer in Liebe und Dankbarkeit gedenken. Ich schloß den Brief mit den salbungsvollen Worten: »Sei gesegnet mein Kind und werde recht, recht glücklich.«

Schreibt sie mir da doch ganz trocken zurück, daß sie mir herzlich danke für die Freigabe.

Die ganz große Liebe, das Einmalige, das die Menschen erfüllt und sie verwandeln kann, nein, das ist es nicht gewesen. Ich hörte dann nichts mehr von ihr. Aber Jahre später, als ich einmal in Stuttgart zu tun hatte, fuhr ich mit meinem Wagen über die Schwäbische Alb und kehrte im »Kuckucksruf« ein.

Die Bärbel erkannte mich sofort wieder und fragte gleich, ob ich zum Mittagessen bleiben könne. Sie würde mir dann gefüllte Kalbsvögele und selbstgeriebene Spätzle machen. Nein, wir waren uns keineswegs böse. Ich weiß nicht, ob die Bärbel jemals die richtige Frau für mich geworden wäre. Sie ist in die Breite gegangen, trat wuchtig und schwer auf und hatte bereits ein Doppelkinn. Drei Kinder hatte sie und einen Mann, den sie herumkommandieren konnte.

Diesmal konnte ich ihr sogar eines meiner Bücher überreichen. Ich schrieb ihr eine schöne Widmung hinein, und sie sagte: »Na sischt du, jetza isch doch noch ebbes aus dir geworde. Ehrlich g'seit, recht viel Vertraue han ich nie gehabt, und de Dichter hän ich gmaint, wären ihrer Lebtag Hungerleida. Wieviel verdienscht du denn mit so einem Büchle?«

Ich übertrieb natürlich ein bißchen, worauf sie dann sagte: »Du mai Göttle, da hätta wir uns drei Häusle baue könne.« – Sie schwäbelte noch viel mehr als früher.

Ich rüstete mich wieder zum Aufbruch.

»Bischt eigentli verhairatet?« fragte sie noch.

»Ja, seit voriges Jahr.«

»Awer a Ringle trägst du net.«

»Doch«, sagte ich und schob den Siegelring ein wenig nach vorne, so daß sie meinen Ehering sehen konnte.

»Hascht na a nett's Fraule?«

»Ja, danke.«

»Wart a bissle, dann gäb ich dir 's Rezept mit für de schwäbische Spätzle.«

Dann stand sie unter der Türe mit ihren drei Kindern und winkte mir nach, bis ich mit dem Wagen hinter einer Wegbiegung verschwunden war.

Die Hellseherin

Die Brandhubers waren gestorben und hatten zu Lebzeiten ihr Häusl da droben am Waldrand der Gemeinde vermacht. Dafür hatten sie dann Wasser und Strom frei gehabt bis an ihr Lebensende, und auch die Grundsteuer war ihnen erlassen. Die Gemeinde wußte aber nach dem Tod der Alten nicht recht, was sie mit dem Häusl anfangen sollte. Eine arme Witwe mit drei Kindern, ja, die hätte man schon dorthin verfrachten können. Doch die schrie entsetzt auf, als man ihr den Vorschlag unterbreitete. Sie hatte Angst, da droben zu wohnen, wo der Wald so nah ans Haus herangewachsen war. Und dann die Kinder im Winter, sie mußten schließlich zur Schule herunter. Nein, lieber hauste sie weiter in den beiden Mansardenzimmern beim Schrödlerbauern.

Die Gemeinde inserierte dann in der Zeitung. Ein Makler kam, besichtigte das Haus, feilschte ein wenig am Preis und kaufte es. Nicht für sich, für irgend jemand einfach, der die Absicht haben mochte, sich vom Leben zurückzuziehen. Doch dieser Jemand blieb aus. Das Haus kam immer mehr herunter. Brennesseln wucherten mannshoch in dem kleinen Garten, auf den Dachschindeln setzte sich Moos an, die Fensterläden hingen schief in den Angeln, und in dem kleinen Stall hausten Mäuse und Ratten. Einmal wollte jemand sogar eine weiße Gestalt um das Haus huschen gesehn haben. Es geisterte dort, zweifellos trieben geheime Mächte ihr Spiel.

Jahrelang stand das Haus so verlassen und einsam, bis sich dann eines Tages eine ältere Frau meldete, ihre Unterlagen vorlegte und auch die Hausschlüssel bekam. Aus den Kaufpapieren ging hervor, daß sie Ludmilla Parnatzko hieß, und sie eröffnete der verdutzten Gemeindeverwaltung, daß sie nun das Haus beziehen werde, dort droben, wo des Nachts die Eulen riefen. Eine komische Alte, nicht recht vertrauenserweckend, nach ihrem Äußeren zu schließen. Sie sagte, daß sie nur den Sommer über bleiben wolle. Jetzt war es Frühling. Man hätte sie somit mit einer Blume vergleichen können, die im Frühjahr kommt und im Herbst verwelkt, nur war diese Ludmilla alles andere als eine Blume. Sie war grau und verwelkt, von hoher Gestalt zwar, aber rundherum schlampig, und das graue Haar hing ihr in Strähnen ins Gesicht. Nur hatte sie auffallend schöne Zähne; wie Meißener Porzellan schimmerten sie aus ihrem Mund, der freilich eines Lachens nicht fähig schien. Sie sprach mit niemanden, ging in Männerhosen herum, mähte mit einer Sichel die Brennesseln ab und stieg aufs Dach, um mit einem kleinen Hackerl das Moos von den Schindeln zu kratzen. Mehr konnte sie nicht ausrichten, und sie würde für andere Arbeiten wohl Handwerker brauchen.

Als sie so auf dem Dach saß, in glühender Sonne, da sah sie der Jäger, als er aus dem Wald heraustrat. Er näherte sich dem Haus und rief hinauf: »Was machst du denn da oben?«

Die Frau bekam ein böses Gesicht, schaute mit gefurchten Brauen über den Rand der Dachrinne zu ihm herunter, ziemlich lange und schweigend, ehe sie sagte: »Ich kann mich nicht erinnern, mit Ihnen schon einmal Schweine gehütet zu haben.«

»Ach so«, lachte der Jäger Ambrosius. »Zu dir muß man wohl Sie sagen?«

»Das erwarte ich, solange ich nicht mit jemanden ein Glas Schnaps getrunken habe.«

»Mich würde nach einem gelüsten.«

»Dann warten Sie.«

Langsam und doch ohne jede Vorsicht stieg sie von der Leiter herunter und streifte ihre Fingerhandschuhe ab. Erstaunt zog der Jäger die Augenbrauen hoch. Solche Hände hatte er selten gesehn. Sie waren lang und schmal, sehr gepflegt, und an zwei Fingern sah man noch die hellen Streifen erst vor kurzem abgelegter Ringe.

Sie ging ins Haus, kam aber gleich darauf mit einer Flasche unter dem Arm und zwei Gläsern in der Hand wieder. Mit dem Kinn deutete sie auf die Hausbank, vor der ein kleiner Tisch stand: »Nehmen Sie Platz.«

Dann schenkte sie ein. Es war kein Schnaps im üblichen Sinn, sondern ein Likör mit einem guten, kaum definierbaren Geschmack.

»Ich heiße Mila«, sagte sie, als sie getrunken hatten.

»Und ich bin der Jäger Ambrosius.«

»Lange Namen kürzt man ab. Ich heiße Ludmilla, also kurz Mila. Und ich werde zu Ihnen Ambros sagen. Falls wir uns wieder einmal begegnen sollten.«

»Ich komme öfter einmal hier vorbei.«

Dann schwiegen sie lange und sahen zu den Bergen hinauf, die sonnenbeglänzt über dem dunklen Bergwald thronten. Weiße Wolkenbüschel trieben langsam am blauen Himmel dahin.

Plötzlich beugte sich diese Mila ein wenig vor. »Du kannst mir wohl nicht zwei Milchschafe besorgen?«

»Warum nicht? Ambros kann alles. Aber warum Schafe und keine Ziegen?«

»Nein, zwei Milchschafe. Ziegen geben zwar mehr Milch, aber sie haben einen so unangenehmen Geruch.«

»Dafür sind Schafe dümmer.«

»Dümmer auch nicht als manche Menschen.«

»Aber du meinst doch nicht mich?«

»Das habe ich nicht gesagt. Immerhin, du scheinst meines Vertrauens wert zu sein, sonst wäre ich deinetwegen nicht vom Dach gestiegen und hätte mit dir auf Du getrunken.«

»Der Schnaps war übrigens gut.«

»Das war kein Schnaps, sondern Likör. Kosakentrank nennt man ihn. Aber weil wir nun schon so weit sind, könntest du mir nicht einige Handwerker besorgen. Hier ist alles runtergekommen. Eine Terrasse müßte gebaut werden, die Fensterläden erneuert, und drinnen müßten ein paar neue Fußböden verlegt werden.«

»Ich hab' dir ja schon gesagt, Ambros kann alles.«

Es kamen Handwerker. Mit denen sprach sie kaum, und vielleicht hätte ihr Ambros sagen sollen, daß man Handwerkern hierzulande Bier zu geben hat. So waren die Männer mißtrauisch, und der Schreinermeister Schindler stellte bereits eine Rechnung aus, als die Arbeit erst zur Hälfte gediehen war, weil er Angst hatte, diese sonderbare Alte könne vielleicht nicht bezahlen. Aber Mila bezahlte, ohne mit der Wimper zu zucken. Mila bezahlte auch den Arbeiter sofort, der ihr nach Feierabend noch einige Gartenbeete umgrub und ein Fuder Mist besorgte, damit sie etwas anpflanzen konnte.

Dann wurde es ruhig im Eulenwinkel. Nur einmal kam der Wachtmeister vorbei und lehnte sein Fahrrad an die Hausmauer. Sofort nahm Mila das Fahrrad von der Mauer und legte es vorsichtig ins Gras. »Sehen Sie nicht, daß die Mauer frisch gestrichen ist?«

»Entschuldigen Sie.«

»Und was wünschen Sie.«

»Was ich wünsche? Nur mich ein wenig umschaun, vielleicht ein paar Fragen stellen, woher Sie kommen, ob Sie angemeldet sind, was Sie so treiben, von was Sie leben.«

»Ich bin Besitzerin des Hauses hier, zwei Schafe und fünf Hühner gehören auch dazu. Das hätten Sie auf der Gemeinde ohne weiteres erfahren können. Was ich treibe, von was ich lebe, hören Sie einmal, junger Mann, das geht Sie einen nassen Staub an.«

Der Wachtmeister war wirklich noch jung und bekam einen hochroten Kopf. Er entschuldigte sich wieder und hatte dabei das Gefühl, daß er hier einiges falsch gemacht hatte. Er war geborener Österreicher und hätte gewohnheitsmäßig sagen müssen: »Küß die Hand, gnä' Frau«, oder: »Meine Verehrung, Gnädigste.« Aber bei dieser schlampigen Person in Männerhosen und der an der Achsel zerrissenen Bluse wäre ihm dies wie Hohn vorgekommen. Vielmehr wurde er jetzt dienstlich und fragte streng:

»Kann ich einmal Ihren Paß sehen?«

»Bitte«, antwortete Mila und ging ins Haus, zögerte aber dann doch ein wenig, als sie den Paß hinreichte.

Der Wachtmeister betrachtete das Bild, sah prüfend die Frau an und wieder das Bild.

»Das sind Sie doch gar nicht?«

»Zugegeben, das Bild ist alt und der Paß schon dreimal verlängert. Aber sehn Sie doch einmal genau bei besondere Merkmale. Steht da nicht: Grübchen im Kinn und kleine Narbe an der linken Schläfe?«

Mila schlug die graue Haarsträhne zurück. »Ist da eine Narbe oder nicht?«

»Tatsächlich«, nickte der Wachtmeister und studierte weiter den Paß. »In Amerika waren Sie auch?«

»Natürlich. Auch in Kopenhagen, in Paris, London und Rom. In Zürich war ich auch. Oder hätte ich nach Ihrem Ermessen dort nirgends sein dürfen?«

»Aber selbstverständlich. Bitte, entschuldigen Sie vielmals, gnädige Frau. Immer gern zu Ihren Diensten.«

»Ich glaube kaum, daß ich die je benötige.«

Der Wachtmeister nahm sein Fahrrad aus dem Gras, salutierte etwas nachlässig mit drei Fingern, stieg auf sein Fahrrad und fuhr davon. Er kam nie wieder. Nur der Jäger sah mehr oder weniger regelmäßig vorbei. Nur einmal blieb er unter den Bäumen stehen und schaute wie erstarrt zum Haus hin. Unbegreiflich schien ihm, was die Frau da auf der Terrasse trieb. Mila hatte heute ausnahmsweise einmal ein Kleid an, und sie kam ihm ganz anders vor. Sie stand aufrecht und sah dabei groß und fast vornehm aus. Sie streckte die Arme hoch mit schönen Gesten, und es sah aus, als wolle sie etwas aus der Luft greifen oder jemanden in der Ferne grüßen. Ihr Blick folgte den erhobenen Armen, und um ihren Mund war ein verzaubertes Lächeln, das er noch nie an ihr gesehen hatte. Dann fielen ihre Arme auf einmal wieder herunter. Wie sie sich dann umwandte und langsam ins Haus ging, das erschien wie ein Schreiten auf goldenem Teppich.

Der Jäger schüttelte den Kopf und dachte: Manchmal scheint sie ein bisserl wirr zu sein. Das alles hatte sich wie verzaubert angesehn, oder wie eine Geisterbeschwörung. Diesmal ging er nicht zu ihr ins Haus. Aber eine Woche später kam er wieder, genoß ihren Kosakentrank, zu dem er immer noch Schnaps sagte, und aß ihren scharfen Schafskäse. Dafür hatte er ihr einen Rehschlegel mitgebracht.

»Warum tust du das, Ambros?« Die Frage war kalt und scharf. Der Jäger zuckte die Schultern und meinte: »Weil du ja doch ein armes Luder bist.«

»Und weshalb meinst du das?«

»Ernährst dich von Schafmilch und dem bisserl, was in deinem Garten wächst.«

»Du hast meine Hühner vergessen«, lächelte sie und war gerührt, daß dieser Ambros so etwas wie Mitleid zeigte. Es regnete an diesem Tag, und der Jäger hatte seinen Umhang an die Ofenstange gehängt. Die Dämmerung brach herein, man hörte das Wasser in der Dachrinne lärmen. Die Frau stand auf und zündete eine Kerze an, obwohl auch elektrisches Licht im Haus gewesen wäre. Sie zog die Vorhänge zu und setzte sich dann wieder.

»Gib mir einmal deine rechte Hand her«, sagte sie plötzlich.

Ambros lachte, als er seine Hand hinstreckte. »Sag nur gleich, daß du aus der Hand lesen kannst. Bist vielleicht gar eine Hellseherin?«

»Meine Großmutter stammte aus Kaukasien. Von ihr habe ich manches vererbt bekommen, vielleicht ein zweites Gesicht.«

Dann betrachtete sie stumm, aber aufmerksam die Linien seiner Hand. Eine lange Zeit, bis sie sich zurücklehnte an die Kacheln des hohen Ofens und die Augen schloß. Ihre Stirne war streng gefurcht, die Lippen eng geschlossen. Wie eine Hexe, durchfuhr es den Jäger. Wenn sie bloß etwas reden möchte. Endlich öffnete sie den Mund, die Augen aber blieben geschlossen. »Du hast einmal einen Menschen getötet, Ambros.«

Wie von einer Tarantel gestochen, fuhr der Jäger in die Höhe.

»Du spinnst wohl?«

»Bleib sitzen. Mit einem Spaten hast du ihn erschlagen.«

Stille im Raum. Nur die kleine Wanduhr tickte. Da erinnerte sich der Jäger und atmete wie befreit auf. »Das war im Krieg, im Nahkampf. Er oder ich hat es da geheißen.«

»Ja, ich weiß. Deswegen brauchst du dein Gewissen auch nicht zu belasten, denn im Krieg ist Gewalt erlaubt, das Töten auch. Und die Werkzeuge, mit denen getötet wird, werden sogar noch gesegnet.«

»So, so, aha. Wie weißt du das überhaupt?«

»Ich sehe es. Es ist eine Linie da. Aber wie gesagt, das war im Krieg. Sonst verläuft ja dein Leben ziemlich normal. In deiner Familie hast du Glück, du hast eine gute, mütterliche Frau und zwei Mädchen und – wenn mich nicht alles täuscht, im nächsten Frühjahr werdet ihr ein drittes Kind haben.«

»So? Na, hoffentlich wird's dann endlich einmal ein Bub.«

»Ja, das ist so ziemlich sicher.«

Mila öffnete jetzt ihre Augen wieder und wirkte wie entspannt.

»Magst jetzt einen Likör auf den Schrecken nauf?«

»Ja, gern.«

»Sag aber niemand etwas davon, daß ich dir wahrgesagt habe.«

Der Jäger schüttelte den Kopf.

»Die Leut reden sowieso schon genug über dich.«

»So? Was denn?«

»Zum Beispiel, daß du dich in Schafmilch badest.«

Ganz leicht zuckte Mila zusammen. Aber dann lächelte sie und sagte: »Ich werde mir einen scharfen Hund hertun müssen, oder ich darf nie mehr vergessen, die Fensterläden zu schließen. Es ist nur, der Hund, weißt du, wenn das Laub fällt, ziehe ich wieder fort. Könntest du meinen Hund zu dir nehmen den Winter über?«

Kann man dieser Frau eigentlich etwas abschlagen? Der Jäger wußte es selber nicht, irgendwie war er dieser komischen Frau verfallen. Zu ihr konnte er jetzt auch manchmal Dinge sagen, die er sich vor einem Vierteljahr noch nicht erlaubt hätte.

»Eigentlich«, lachte er, »ein komisches Frauenzimmer bist du schon. Wenn du nicht schon so alt wärst, könnt ich mich sogar zu einer Dummheit verleiten lassen.«

Die Mila stützte ihr Kinn auf die rechte Hand und betrachtete ihn lange. Dann lächelte sie. »Zum Dummheitenmachen, merk dir das, Ambros, gehören immer zwei. Magst du noch einen Likör?«

»Ja, gern. Von dem Trankl könnt ich mich dappig saufen.«

Der Herbst kam. Als die ersten Stürme über das Haus fegten, packte Mila ihre Sachen zusammen. Ambros war natürlich zur Stelle.

»Was tust jetzt den Winter über?« wollte er wissen.

»Mich an den Sommer erinnern.«

»Manchmal denk ich darüber nach, du seltsame Frau, ob du nicht früher einmal bessere Tage gesehen hast.«

Mila wiegte den Kopf hin und her. Dann nickte sie leicht. »Ich hatte Freundschaft mit den Sternen.«

Was soll ein Jäger mit so einer Antwort schon anfangen. Er dachte wieder: Ein bisserl wirr ist sie doch in ihrem Köpfl. Er trug ihr den Koffer ins Dorf zum Omnibus, sie übergab ihm ihre Schlüssel zum Haus.

»Schaust du hin und wieder nach da oben?«

»Natürlich.«

»Du kannst dir warm einheizen und es dir gemütlich machen.«

»Kann sein, ich weiß es nicht. Kommst du denn im Frühjahr wieder?«

»So gewiß wie das Amen in der Kirche. Und, Ambros, diesmal war es nicht der Mühe wert, aber vielleicht kannst du mir bis zum Frühjahr einen Hund besorgen?«

»Hat Ambros einmal nichts besorgen können?«

»Ja, ich weiß. Auf dich ist Verlaß in allem. Leb wohl, Ambros.«

Der Omnibus kam. Ambros schwang den Koffer hinein und sagte dann noch etwas ganz Einfaches, und doch bekam die Frau einen Glanz in ihre Augen, der so wunderbar war, wie er ihn den ganzen Sommer über nicht gesehen hatte.

»Du wirst mir sehr abgehen, du Frau«, hatte er gesagt.

Mila stand schon auf dem Trittbrett des Omnibusses, da streckte sie noch mal mit unnachahmlicher Geste die Hand nach ihm aus und streichelte seine Wange. »Da hast du aber jetzt ein sehr schönes Wort gesagt, Ambros. Ein Wort, das ans Herz rührt. Ich danke dir, Ambros. Und nun mach's gut, Ambros. Laß meine Schafe und die Hühner bei dir überwintern, und im Frühjahr sehn wir uns wieder.«

Der Omnibus fuhr an. Ambros sah ihm nach, bis er hinter einer Wegbiegung verschwand. Dann ging er nach Hause. Er traf seine Frau in dem kleinen Stall bei den Schafen.

»Jetzt ist sie fort«, sagte er.

»Ja, und wir haben die Schafe da.«

»Macht es recht viel Arbeit, Kathi?«

Die Frau schüttelte den Kopf. »Es ist nur, Ambros – mit mir ist es wieder so weit.«

Zuerst starrte er sie schweigend an. Dann lachte er. »Du, das hab' ich gewußt. Lach nicht, aber das hat sie mir weisgesagt, die Mila. Und wirst sehen, es wird diesmal ein Bub werden.«

Der Winter kam, und es war ein sehr strenger Winter dieses Jahr. Bis in den März hinein dauerte es. Dann aber atmete die Erde wieder, und zögernd kam alles wieder ins Blühen. Der Jäger grub droben im Eulenhaus den Garten um und pflanzte, was man so als erstes zu pflanzen pflegte. Er sperrte das Haus auf und öffnete die Fenster, damit der muffige Geruch des Winters hinaus konnte. Es wurde Mai, aber Mila kam immer noch nicht. Erst am fünfzehnten Mai traf sie ein, so wie im Vorjahr. Der Jäger sah den Rauch aus dem Kamin aufsteigen und suchte sie sogleich auf. Er brachte die Schafe wieder und die Hühner und auch einen Hund. Keinen großen, nein, einen weißen Spitz mit roten Augen, der einen fürchterlichen Krach machte, wenn bloß in weiter Entfernung jemand vorüberging.

So kläffte er auch, als sich einmal ein junges Mädchen dem Haus näherte. Sie trug ein kleines Bündel in der Hand und blieb ängstlich stehen. Mila rief den Hund zurück und hob den Kopf: »Was willst du?«

»Dich um was bitten?«

»Dann komm her.«

Das Mädchen öffnete sogleich sein Bündel und legte sechs Lederäpfel auf die Hausbank.

»Wie kommst du dazu?«

Das Mädchen begann sofort zu weinen und brachte unter Schluchzen und Schnupfen endlich heraus: »Ich mein, mit mir ist ein Unglück passiert.«

Mila erschrak und hatte sofort eine dunkle Ahnung. Und sie täuschte sich auch nicht, das Mädchen wollte von ihr wissen, ob sie wirklich im Unglück sei. Hatte Ambros doch geplaudert? »Woher soll ich das wissen?«

»Du kannst doch in die Zukunft schaun.« Erneutes Schluchzen und die Versicherung, daß sie ins Wasser gehen werde.

»Wer sagt das?«

Das Mädchen zuckte mit den Schultern. »Es wird halt geredet davon, daß du weissagen kannst.«

»Dann komm einmal herein. Wer bist du denn überhaupt?«

»Ich bin Magd beim Hoisenbauern. Und ich mein allerweil, daß es beim letztenmal eingeschlagen hat.«

So seltsam, so streng diese Mila zu sich selber war, Armut wenn ihr begegnete, dann öffneten sich bei ihr irgendwelche Schleusen, und das Mitleid kam zum Vorschein. Sie schloß die Augen, nachdem sie sich die zerarbeitete Hand des Mädchens angeschaut hatte, und nickte dann. »Ja, es stimmt. Aber wenn du es ein Unglück nennst, was andere als einen Segen des Himmels empfinden, dann tust du mir leid.«

»Ich tu mir ja selber leid, weil ich nicht weiß, wer der Vater ist.«

Mila schloß noch mal die Augen: »Der Bauer ist es.«

»Der Alte oder der Junge?«

Mila stand auf und ging ein paarmal in der Stube auf und ab, blieb dann vor dem Mädchen stehen: »Jetzt will ich dir einmal was sagen. Du bist ein ganz und gar verdorbenes Geschöpf.«

Das Mädchen senkte den Kopf und schluchzte wieder. »Ich weiß es selber. Aber wenn sie mir halt immer so schön tun, die Buben. Ich kann halt nicht nein sagen.«

»Das ist ja der Jammer der Welt, weil so viele Menschen nicht nein sagen können.«

»Und du kannst mir auch nicht irgendwie helfen? Weißt schon, wie ich das meine.«

»Selbst wenn ich es könnte, würde ich es nicht tun. Ich kann dir nur einen Trost geben, das Kind stirbt gleich nach der Geburt eines natürlichen Todes. Ich habe die Nabelschnur gleich dreimal um den Hals gewickelt gesehen. Und jetzt geh und komm nie wieder.«

Mila hatte dann mit dem Jäger eine recht heftige Aussprache, weil es doch nur von ihm ausgehen konnte. Aber Ambros beteuerte steif und fest, mit niemandem darüber gesprochen zu haben, erinnerte sich aber dann doch, als sein kleiner Bub, der Florian auf die Welt gekommen war, in seinem Vaterglück zu seiner Frau gesagt zu haben, daß ihm diesen Buben die Mila vorausgesagt habe. Von da muß es ausgegangen sein, und er werde seiner Kathi die Leviten schon lesen.

»Nein, das wirst du nicht tun. Ich bin jetzt viel mehr in Sorge, ob dieses Mädchen den Mund halten kann. In Zukunft kann kommen, wer will, ich werde nie mehr jemandem aus der Hand lesen.«

»Auch mir nicht?«

»Nein, auch dir nicht.«

Die Mila hätte aber wissen sollen, daß man nie niemals sagen sollte. In einer stürmischen Regennacht schlug drinnen in der Stube der Spitz an. Es mußte jemand draußen sein, und schon pumperte eine Faust oder ein Schuh gegen die Haustüre. Angst kannte Mila nicht, und in der Meinung, es könnte vielleicht Ambros sein, hielt sie den Hund zurück und öffnete.

Draußen stand der Mühlenbesitzer Antroscher, breitschultrig und groß wie ein Baum.

»Was wünschen Sie?«

»Ich möchte von dir was wissen.«

»Da sind Sie hier fehl am Platz«, sagte Mila und wollte die Türe wieder schließen. Der Müller aber hielt seinen Fuß dazwischen.

»Du laßt mich jetzt rein, sonst staubt es.«

Nun, dieser rohen Gewalt mußte sie nachgeben und

sogar den Spitz besänftigen, der dem Müller immer noch an die Beine wollte. Mila wußte sich nur zu helfen, indem sie ihn wahrhaftig am Tischbein festband. Dann besah sie sich die Hand des Müllers und sagte ihm, noch bevor sie die Augen schloß, daß er einen ganz miserablen Charakter habe und daß er sich schämen solle, seine Frau mit der Kellnerin vom Hirschwirt zu betrügen.

»Das muß erst bewiesen werden«, knurrte der Müller. Mir geht es darum, daß du mir sagen sollst, ob ich den Wald vom Heindlbäcker kaufen soll oder nicht.«

Mila schloß jetzt die Augen. Sie suchte nicht in der Zukunft, sondern schonungslos in der Vergangenheit. Und der Müller hatte eine.

»Habt ihr ein Kind miteinander gehabt?« fragte sie scharf.

»Ich habe viel Kinder«, antwortete der Müller gereizt.

»Die meine ich nicht. Ich meine jenes, das du mit der Ehebrecherin, mit dieser blonden Emmerenz vom Steinlechnerbauern gehabt hast.«

Der Müller erschrak und bekam einen hochroten Kopf. Da sei ihm nichts bekannt, meinte er. Aber Mila kramte unbarmherzig die Vergangenheit hervor.

»Da wurde ein Kind im Wald vergraben«, sagte sie. »Es hat lange unter den Wurzeln gewimmert.«

»Ich weiß davon nichts«, stammelte der Müller, blaß geworden.

»Doch, du hast mit einer Laterne geleuchtet, als sie mit einem Spaten das Loch gegraben hat.«

»Und was noch alles, du Hexe?«

»Daß du es immer noch wimmern hörst in deinem Innern, daß du nie zur Ruhe kommen wirst. Erwarte bloß nicht, daß ich dich von deiner Schuld freispreche. Das kann nur Gott – oder der Teufel, und der wird dich sowieso bald holen.«

Bleich bis unter die Haarwurzeln sprang der Müller auf, griff in seinen Hosensack, warf ein Geldstück vor Milas Füße und rannte hinaus. Diese warf ihm das Geldstück nach, schlug die Haustüre zu und schob den Riegel vor.

Tatsächlich geriet der Müller zwei Wochen später in den Treibriemen des großen Schwungrades und wurde dann von den Zahnrädern mitleidslos zermalmt.

Ambros kam einige Tage später, hob draußen vor dem Gartenzaun ein Fünfmarkstück auf und legte es Mila auf den Tisch. »Du hast das Geldstück verloren.«

»Nein, ich habe keins verloren. Behalt es nur.«

»Du Mila, die Leut hättest gestern sehn sollen, beim Müller seiner Beerdigung. Ganz schwarz war der Friedhof von Menschen. Und der Pfarrer hat eine Rede gehalten und hätte ihn am liebsten gleich in den Himmel hinaufgehoben.«

»Ja, es ist immer so, daß man den Toten Kränze flicht«, antwortete Mila. Sie erzählte nichts davon, daß dieser Müller bei ihr gewesen sei. Es kam ja sonst auch niemand mehr zu ihr, außer einer Bäuerin mit einem halbwüchsigen Buben, die von ihr wissen wollte, ob dieser für den geistlichen Beruf tauge.

»Sie sind hier ganz falsch am Platze, liebe Frau«, sagte Mila. »Ich kann so was nicht sagen.«

»Ja, gell, so lügen die Leute. Die Magd vom Hoisenbauern hat mir gesagt – – –«

»Kenne ich nicht, und es tut mir leid, ich weiß von nichts.«

Dann hatte sie Ruhe. Nur der Postbote kam jetzt öfter, brachte ein Telegramm oder einen Eilbrief. Sonst war Einsamkeit und Stille.

Das blieb sieben Jahre so. Aber am achten Frühling blieb Mila aus. Der Jäger Ambros konnte sich das nicht erklären, denn im Herbst zuvor hatte sie ihm wie gewöhnlich die Wange gestreichelt und auf Wiedersehn im nächsten Frühling gesagt.

Dafür mußte Ambros sich einen freien Tag nehmen, um aufs entfernte Amtsgericht, Abteilung Hinterlassenschaften, zu kommen. Dort wurde ihm eröffnet, daß ihm die Erblasserin Ludmilla Parnatzko das Haus im Eulenried vermacht habe.

Erst im Frühherbst war es dann, als die Treibjagden begonnen hatten, daß ein Jagdgast aus München einen Haufen alter Zeitungen und Illustrierten in der Jagdhütte zurückgelassen hatte. In so einer alten Illustrierten entdeckte Ambros dann das Bild einer bezaubernd schönen Frau, und er hätte sie wahrscheinlich gar nicht erkannt, wenn nicht ihr Name und ein Sterbekreuzlein darunter gestanden hätten. Mit klopfendem Herzen betrachtete er lange das Bild, und je länger er es betrachtete, desto mehr erinnerten ihn gewisse Züge in diesem Gesicht an Mila. Auf dem Foto zeigte sie einen lachenden Mund, wie er ihn nur ganz selten einmal gesehen hatte. Das Haar fiel auch nicht in grauen Strähnen in ihr Gesicht herein, sondern war herrlicher Schmuck des Kopfes und lag wie ein Goldhelm über der hohen Stirne.

Nachdem er das Konterfei lange genug betrachtet

hatte, begann er den darunterstehenden Artikel zu lesen: »Im Alter von sechsundfünfzig Jahren verstarb letzte Nacht in München, im Krankenhaus rechts der Isar, die berühmte Schauspielerin Ludmilla Parnatzko ganz plötzlich an Herzversagen. Die Verstorbene begann ihre Bühnenlaufbahn im Stadttheater Köln mit dem Schauspiel »Vor Sonnenuntergang«. Es gibt im jugendlichen Rollenfach kaum einen Part, den sie nicht gespielt hätte. Höhepunkte in ihrer Laufbahn waren das Gretchen in Faust und die Iphigenie. Später wechselte sie dann ins reifere Rollenfach. Bühnenschauspieler kann man nicht synchronisieren. Ihre Darstellung der großen Frauengestalten war von erschütternder Größe und Einfachheit. Sie spielte nicht, sie lebte diese Gestalten mit einer unnachahmlichen Gestik, und man hat sie oft mit der größten aller Darstellerinnen, mit der Italienerin Duse, verglichen. Es gab kaum ein großes Haus in Deutschland, Österreich und der Schweiz, wo sie die Menschen mit ihrer Kunst nicht bezaubert, ja oftmals verzaubert hätte. Die Parnatzko war mit dem Klaviervirtuosen Bachholz verheiratet, der in einem unbegründeten Eifersuchtsanfall die Pistole auf sie gerichtet, sie aber nur unbedeutend an der Schläfe verletzt hat. Später ist Bachholz in geistiger Umnachtung gestorben. Seitdem ist es ruhiger geworden um die Parnatzko, sie zog sich zurück, lebte gleichsam, wie man sagen hörte, ein zweites Leben in völliger Einsamkeit. Sie trat nur noch im Winter auf. Im Frühjahr verschwand sie spurlos und kehrte erst im Herbst wieder zurück. Ihr plötzlicher Tod hat auf dem Gebiet des klassischen Schauspiels eine Lücke hinterlassen, die gegenwärtig nicht zu schließen ist.

Es gingen nur wenige Menschen hinter ihrem Sarg im Waldfriedhof her. Aber wer sie kannte – ob auf der Bühne oder im Privatleben –, wird diese Frau nie vergessen.«

Lange saß der Jäger Ambrosius hinterm Tisch in der Jagdhütte. Immerzu sah er das Bild an. Dann faltete er das Blatt sorgfältig zusammen und behielt es in der Hand, damit ja keine Falte das schöne Gesicht verunstaltete. Dann warf er die Büchse über die Schultern und ging durch den Wald. Und niemand sah es, daß er still vor sich hin weinte.

Manöversünd

Es will Herbst werden. Ihr wollt es nur nicht glauben, weil das Laub noch so grün ist. Aber wartet nur noch, bis der erste Reif kommt und der große Wind. Dann sieht es gleich anders aus. Ihr glaubt wahrscheinlich erst an den Herbst, wenn euch die welken Blätter um die Füße flattern.

Natürlich hat er sich noch nicht zu seiner ganzen Größe ausgewachsen, ist noch ein Embryo in den warmen Armen des Sommers. Aber er wird unerbittlich kommen, so wie es Gottes Wille ist. Er mahnt und treibt die Menschen, damit sie noch unter Dach bringen, was er vom Frühling an über den Sommer hin für sie hat wachsen und gedeihen lassen. Immerhin sind Rüben und Kartoffeln noch draußen. Die Hände dürfen noch nicht ruhn. Äpfel und Birnen hängen auch noch im Laub an den Bäumen.

Der Hoisenvater sucht eine Leiter mittlerer Größe im Schupfen und lehnt sie an den alten Apfelbaum. Er stößt die Spitzen fest in den Boden, damit die Leiter nicht rutschen kann, daß es ihm nicht so ergeht wie dem Nachbarn Liegl, der im Vorsommer vom Zwetschgenbaum gefallen ist und tot war. Ein Leben ist mit Jahren gezählt, der Tod aber ist ewig.

Der alte Hoisen hat die Leiter schon benutzt in jungen Jahren, als er zur Mirl ans Kammerfenster gegangen ist. Dann hat er in diesen Hof eingeheiratet. Jetzt sind sie alt. Er ist zweiundsiebzig, sie siebzig. Drei Kinder haben sie miteinander gehabt: einen Sohn und zwei Töchter. Der Sohn Markus hat den Hof schon übernommen. Eine Tochter hat in der Nachbarschaft einen Bauern geheiratet, die andere ist in die Stadt gegangen und hat sich einen Trambahnschaffner zum Mann genommen. Der Sohn aber hat wieder zwei Töchter und einen vierjährigen Sohn, den Florian.

Langsam steigt der Alte die Leiter hinauf, hängt den Korb an einen Ast, greift nach dem ersten Apfel und denkt dabei unwillkürlich an jenen Apfel, der dem Adam im Paradies so hinterlistig gereicht worden ist und um dessentwillen er dann hinausgetrieben worden ist in die kalte Welt.

Einen Boskop kann man nicht blankwischen. Jeden Apfel betrachtet der Alte rundum ganz genau, wischt ihn mit der Schürze blank und legt ihn in den Korb. Gravensteiner sind es, und sie gehören für die Tochter in der Stadt. Apfel um Apfel pflückt er, und die Sonne scheint warm auf seinen grau gewordenen Schädel. Dazwischen schaut er hinaus auf das weite Bauernland. Ein Mädchen sitzt an einem Wiesenrain, hütet Kühe und strickt dabei emsig. Vielleicht strickt sie für die Großmutter einen Schal, oder für sich ein Paar Pulswärmer.

Nebenan ackert sein Sohn, der Markus, mit dem Traktor. Es sind die letzten Stoppeln, die er umreißt. Morgen wird er dem Acker die neue Saat anvertraun, das Brot für das nächste Jahr. Schwarz sind die andern Äcker ringsum. Schade, denn in einigen Tagen werden die Panzer kommen. Es ist ein Manöver angesagt, und wahrscheinlich rechnet der Oberloher schon seine Manöverschäden aus. Falls die Panzer nicht über seinen Acker kommen, muß er halt selber mit dem Traktor kreuz und quer darauf umeinanderfahren.

Die alte Hoisin sitzt auf der Hausbank und schält Kartoffeln fürs Mittagessen. Ihr Haar ist bereits schlohweiß und in der Mitte gescheitelt. Sie hat viel Kummer durchgestanden, als der Bauer im großen Krieg gewesen ist.

Die Schwiegertochter kommt mit einem Korb Wäsche aus dem Haus und hängt die Stücke einzeln an eine Leine, die zwischen den Bäumen gespannt ist.

»Gib obacht Vater, daß d' net runterfällst«, schreit sie zum Schwiegervater hinauf. Der aber schwingt sich mit einem Ruck mitsamt der Leiter zu einem andern Ast hinüber. Er will damit zeigen, daß er noch nicht zum alten Eisen gehört, daß sich in seinen Gelenken noch kein Rost angesetzt hat, daß noch Schwung in ihm ist. Aber es tut gut, zu spüren, wie man sich sorgt um ihn.

Langsam sammeln sich schon die Schwalben. In Kiellinie schweben sie hoch über dem Tennendach. Ein paar Junge sind dabei, die es noch nicht so gut können, sie flattern noch zu aufgeregt mit den Flügeln. Aber es hat ja noch ein wenig Zeit.

Die Mittagsglocke läutet auf dem Kirchturm. Der Bauer kommt vom Acker heim, auch der Alte geht in die Stube und faltet die Hände über der Brust: »Komm, Herr Jesus, sei unser Gast und segne uns, was du uns bescheret hast . . .«

Ja, da wäre Christus vielleicht ganz gerne Gast gewesen. Es gibt Gulasch mit Knödeln, und das wäre ihm vielleicht schon lieber gewesen als so ein Fisch aus dem See Genezareth, obwohl, wie man weiß, Christus sehr bescheiden gelebt hat.

Im letzten Moment kommt auch die Adelheid noch

angeradelt und zwängt sich hinter den Tisch neben ihre Zwillingsschwester Monika, die daheim auf dem Hof arbeitet, während die Adelheid mit ihrer Handelsschulausbildung in einer Strumpffabrik am Rande des Dorfes sitzt. Sie muß sich nur immer, wenn sie heimkommt, zuerst in der Küche die knallrotlackierten Fingernägel säubern, weil der Großvater bei deren Anblick immer die Brauen so schmerzlich hochzieht. Der kleine Florian angelt sich bereits den zweiten Knödel heraus, und der Großvater sagt schmunzelnd: »Iß nur Bua, daß was wird aus dir.«

Dann war über Nacht wirklich der Herbst da. Als der junge Hoisenbauer in der Früh die Stalltüre öffnet, ist alles wie überzuckert. Reif liegt über den Äckern und Wiesen, hängt im Laub der Bäume und liegt auf den Dächern. Am Abend kommt dann der Wind, und die ganze Welt ist auf einmal verändert. Es war, als wäre Gott selber durch den Wald gegangen mit einer Fackel und habe alles entzündet. Wie auf einmal die Birken und Lärchen in brennendem Gelb dastanden, die Buchen in rotdunkler Glut. Nur die Fichten haben noch ihr dunkles Kleid an, und sie werden es auch nicht ablegen. Wind und Regen gingen über die Landschaft, und Nebel dazu. Wenn der Hoisen-Markus den Mist auf seine Felder fährt, reicht ihm der Nebel fast bis zur Brust, so hoch er auch sitzen mag.

Ja, und endlich kamen auch die Panzer. Das Manöver hatte begonnen. Die Natur hatte sich ausgetobt, und es war ein schöner, frischer Morgen, als so ein stählerner Koloß um halb sechs Uhr früh mit Kettengerassel beim Hoisen in den Hof fuhr. Der junge Kommandant sprang herunter und fragte, ob er seinen

Panzer wegen der Feindeinsicht irgendwo unterstellen könnte.

»Selbstverständlich«, antwortete der Bauer und fuhr seinen Traktor aus der Tenne. Das Tor ist gerade breit genug, um das Ungetüm von Leopard hineinzubringen.

Drei Mann sind es, die dann um den Bauern herumstehen: der Fahrer, der Richtkanonier und der Kommandant. Letzterer ist ein Feldwebel, jung und drahtig, und er trägt sein Barett ein wenig schief über dem dunklen, kurzgeschnittenen Haar. Er ist ein wenig größer als seine Kameraden und sieht sich auf dem Hof ein wenig um. Die Bäuerin erscheint mit ihren zwei Töchtern unter der Haustüre. Der Feldwebel nimmt so etwas wie Haltung an und zwinkert mit dem linken Auge. »Olala«, lächelt er vor sich hin. Da steht ja etwas recht Knuspriges neben der Bäuerin im Morgenlicht.

Man weiß nicht viel anzufangen mit den jungen Soldaten. Ein bißchen Verlegenheit auf beiden Seiten. Da muß erst der Großvater kommen. Er kratzt sich den grauen Schädel und ist voller Fröhlichkeit.

»So, so, seid's schon da. Gehört ihr zu den Blauen oder zu den Roten?«

»Zu den Blauen«, antwortet der Feldwebel.

»Und wer soll siegen, oder muß siegen.«

»Wir natürlich«, lachen alle drei.

»Dann ist es recht.« Der Großvater schaut die drei nacheinander an. Die Burschen gefallen ihm. Er fragt sie, wo sie daheim seien. Der Fahrer ist ein Bauernsohn aus Riedering, der Richtkanonier ein Holzknecht aus Lenggries und der Kommandant ist aus Hannover.

»Habt ihr schon Kaffee gehabt?«
Nein, sie seien noch nüchtern.
Der Alte wandte den Kopf zur Haustüre hin.
»Schwiegertochter, koch Kaffee für die Buam.«
»Hab' das Wasser schon aufgestellt.«
Eins der Mädchen nahm das Fahrrad von der Hausmauer und fuhr zum Bäcker um frische Semmeln. Der Alte aber ging in der Tenne um den Panzer herum und fragte, ob er auch einmal ins Innere hineinschauen dürfe. Er sei ein alter Austragsbauer und Spionage sei bei ihm nicht zu befürchten.

Ja, bitte. Man half dem alten Mann sogar hinauf, und als der Hoiser in der Luke verschwunden war, meinte der Feldwebel: »Verstehen wird er ja doch nichts davon.«

Aber hier irrte der Feldwebel. So fremd war das dem Alten gar nicht. Schließlich ist er im Krieg gewesen. Nur mit dieser neumodischen Elektronik wußte er nichts anzufangen. Diese vielen Lämpchen, Knöpfe und Tasten.

Der Feldwebel war nun auch hinaufgestiegen, erklärte ihm einiges und meinte dabei: »Es wird für Sie zwar alles ein böhmisches Dorf sein, Vaterl, oder Großvaterl oder was Sie hier sind.«

»Der Großvater bin ich. Aber täusch dich net, Büberl. In Rußland hab' ich einmal so einen Koloß bei Schitomir mit einem Bündel Handgranaten in die Luft gesprengt.«

»Wieso? Darf ich einmal fragen, wie alt Sie sind?«
»Zweiundsiebzig.«
Der Feldwebel rechnete und nickte. »Ja natürlich. Der Krieg ist ja schon seit über dreißig Jahren zu Ende.«

Die Bäuerin ruft zum Kaffee. Die drei Soldaten sehen sich ein bißchen ratlos an. Es hilft nichts, einer muß in die Krone des Apfelbaums steigen und mit dem Fernglas Ausschau halten nach dem Feind. Sie wollen einander abwechseln. Zuerst steigt der Lenggrieser hinauf, die andern zwei gehen mit in die Stube.

Die Bauersleute benehmen sich, als kämen die Soldaten aus einer wirklichen Schlacht, ausgehungert wie Kirchenmäuse. Es wird ihnen zum Kaffee Geräuchertes aufgetischt, Butter, Honig, Eier und frische Semmeln.

»Langt nur fest zu, Buam«, ermunterte sie der Großvater.

Und die Buben langten zu, ließen sich's schmecken und schauten zu den Mädchen hinüber, bis es der Feldwebel nicht mehr aushielt. »Sie sind wohl Zwillinge?«

»Ich bin die Monika«, sagte die Semmelholerin. Notgedrungen mußte jetzt wohl auch die andere ihren Namen nennen: »Adelheid.«

»Oh, welch schöner Name«, lächelte der Feldwebel. »Ich heiße Konrad. Das ist der Sepp, und der am Baum droben sitzt, das ist der Alois. Wenn wir hier fertig sind, Sepp, dann mußt du den Alois ablösen.«

»Seid ihr – – –«, will der Großvater wissen, aber Konrad ahnt seine Frage und antwortet sofort: »Ich hatte mich auf vier Jahre verpflichtet. Meine Dienstzeit ist nach dem Manöver herum. Die andern zwei gehn im April wieder heim.«

Damit war für den Augenblick so ungefähr alles gesagt. Die Adelheid stand jetzt auf, schlüpfte in ein Wolljäckchen und griff nach einer Handtasche. Sie müsse jetzt ins Büro. Der Feldwebel sprang sofort auf und öffnete ihr die Stubentür, und der Großvater schmunzelte: »Ein Preiß weiß halt, was sich g'hört.«

Der Feldwebel öffnete auch noch die Haustüre und flüsterte der Adelheid zu: »Haben Sie am Abend eine Stunde Zeit für mich?«

Die Adelheid nahm das Fahrrad von der Hauswand und stellte den einen Fuß auf das Pedal. Dann erst wandte sie den Kopf und sah den Feldwebel an. Und wie sie ihn anschaute. Trotzdem wiegte sie den Kopf hin und her. »Ich glaube kaum.«

Der Feldwebel ging zurück in die Stube und dachte sich: Bis spätestens morgen wird sie es schon wissen. Der Sepp wollte gerade aufstehen, um den Alois abzulösen, als dieser durch Funk meldete: »Südlich, 6 Strich südost feindlicher Panzer in Sicht.«

Der Großvater rannte mit hinaus und fuchtelte mit den Armen umeinander.

»Nein, Buam, net rückwärts raus aus der Tenne. Wart, ich mach euch das vordere Tor auf. Da geht's dann gleich über einen Hang hinunter, und rechts geht dann ein Straßl weg, das führt euch direkt in den Wald. Und von da weg links halten, dann könnt ihr den Feind direkt in der Flanke packen.«

Der Feldwebel lächelte. Sein Auftrag lautete natürlich ganz anders. Immerhin, der alte Großvater hatte Fronterfahrung.

Erst gegen Abend kam der Panzer wieder zurück. Es wurde dann recht lustig. Der Lenggrieser erzählte Witze am laufenden Band. Der Feldwebel griff unter dem Tisch nach Adelheids Händchen, und sie ließ es gerne geschehen und erwiderte den Druck seiner

Finger. Bloß als er mit seiner Hand nach ihrem Knie tastete, da wehrte sie sich.

Schlafen? Natürlich hatte man übrige Betten im Haus. Aber hier wehrte der Feldwebel energisch ab. Das sei den Soldaten nicht gestattet im Manöver. Es sei denn, der Hauptmann würde eine Ausnahme machen und es genehmigen. Aber der Hauptmann schlief auch in einem Zelt, und die Soldaten hatten ihre Schlafsäcke. Sowieso schon eine kleine Seligkeit, daß sie damit wenigstens ins Heu schlüpfen konnten.

Also im Heu. Die Mädchen aber schliefen in ihrer Kammer, und die Adelheid sinnierte so vor sich hin: »Ein fescher Kerl ist er schon, der Feldwebel.«

»Ja«, gab die Monika zu. »Fesch ist er schon, aber ich könnt trotzdem meinen Schorschl damit net ausschmiern.«

»Ich den Heindl-Peter auch net. Aber trotzdem, ich weiß net, es wär halt einmal was anders. – Wie er mich allweil angschaut hat. Er hat so schöne Augen.«

Was hätten denn die Soldaten im Heu anderes reden sollen als von den Zwillingen.

»Die Adelheid ist eine Wucht«, schwärmte der Feldwebel.

»Die Monika wär' auch nicht zu verachten«, meinte der Lenggrieser.

»Sie seh'n sich so gleich«, sagte der Riederinger. »Bloß, die Monika ist ein bisserl molliger. Und ich mag's gern ein bisserl mollig.«

Am andern Tag war es so ziemlich das gleiche. Nur schob die Adelheid die Hand von ihrem Knie nicht mehr so abrupt weg, sondern ganz langsam. Es war fast kalt ohne die Hand am Knie.

Am dritten Abend war dann zum Abschied Tanz beim Oberwirt. Der Feldwebel konnte tanzen, das war schon auch eine Freude. Und was er der Adelheid alles ins Ohr flüsterte. Solche Worte fand der Heindl-Peter nie. Daß sie einer Madonna gleiche und daß man sie auf einen Sockel heben müßte, um vor ihr knien zu können. Ganz wunderlich wurde der Adelheid ums Herz. Und ziemlich willenlos wurde sie auch davon, denn als der Konrad mit ihr aus dem Saal ging, fragte sie nicht lange, wohin. Sie folgte ihm einfach hinter die Kegelbahn, über eine Wiese in ein Jungholz hinein. Was werden sie wohl im Jungholz treiben?

Ihr Buben, ihr müßt das doch wissen. Und die Mädchen natürlich auch.

Die Adelheid wußte es natürlich auch, weil sie sich alsbald beim Betriebsrat ihrer Fabrik erkundigte, wie das denn mit dem Mutterschaftsurlaub genau sei.

Am Hof merkten sie es natürlich auch. Und da war viel dagegen zu sagen. Der Heindl-Peter war ja schließlich keine schlechte Partie. Er leitete die Filiale der Kreissparkasse im Nachbardorf. Vielleicht hatte der Großvater eine gewisse Ahnung, denn er faßte die Adelheid einmal im Stall, als niemand sonst da war.

»Zum Finden wär' er schon, der Feldwebel, auch wenn er auch schon ausgeschieden ist vom Militär. Man bräucht ja bloß an den Hauptmann schreiben. Oder sich ans Jugendamt wenden, die spüren ihn dann schon auf. Für das sind die ja da«, meinte er.

Die Adelheid hat ihn ganz groß angeschaut, direkt entsetzt sogar: »Großvater, ich weiß gar net, für was du mich hältst. Ich geh' doch schon anderthalb Jahr mit dem Heindl-Peter.«

»Ja, ich hab' ja bloß gemeint.«

Die Monika wurde in ihrer direkten Art sehr viel deutlicher: »Du bist ja auch blöd. D' Mutter hat doch in ihrem Nachtkastl so ein kleines Schachterl.«

»Ich will keine Pille, ich will mein Kind.«

Aber sie drängte den Heindl-Peter jetzt unerbittlich zur Hochzeit. »Du wirst dir doch deiner Pflicht bewußt sein«, sagte sie.

Ja, natürlich. Dieser Peter war korrekt, moralisch einwandfrei. Außerdem war es für ihn unvorstellbar, daß seine Adelheid jemals einen andern angeschaut haben könnte.

Die Adelheid schob das Kinderwägelchen. Der Mann ging nebenher, aber gemeinsam schauten sie auf das Kindchen nieder, das so süß schlummerte. Der Mann beugte sich einmal nieder und scheuchte mit seinem Taschentuch eine Fliege von der Stirn des Bübchens. Dann blieben sie auch einmal stehen und schauten über das Land hin. Die Stoppeln waren schon wieder da, frischgepflügte Äcker, da und dort flatterte ein Blatt von einem Baum. Nein, man konnte nicht mehr zweifeln. Ein neuer Herbst meldete sich wieder an.

Allerheiligen

Ich bin noch nie so richtig dahintergekommen, warum man am Allerheiligentag der abgeschiedenen Seelen aller Menschen gedenkt. Vielleicht sitzen die meisten ja im Fegfeuer und warten darauf, daß man an ihnen auch eine Spur von Heiligkeit entdeckt. Aber auch das geht ja wohl kaum. Es würde ja dann zu viele Heilige geben. Ich muß da einmal mit meinem Pfarrer sprechen und bin neugierig, wie er mir die Sache auslegen kann. Es ist mir zwar vollkommen klar, daß einer schon etwas Großes geleistet haben muß, solange er über die Erde gewandert ist, so wie der heilige Florian, der Flammen hat bändigen können, oder Leonhard, der die Gesundheit der Rösser in seinen Händen gehabt hat. Gar nicht zu reden von Martin, der seinen Mantel mit einem Bettler geteilt hat. Ich kann mir auch einige Klosterfrauen als Heilige vorstellen, die ihr Leben lang nur in Demut gedient und den Kranken die Schmerzen gelindert haben. Daß die Apostel und viele Märtyrer heiliggesprochen worden sind, versteht sich von selber. Darum kommen sie auch alle am ersten November dran und am zweiten erst die armen Seelen. Sie stehen in der himmlischen Rangordnung wohl ein wenig tiefer, und darum ist der Allerseelentag auch kein Feiertag – zum Ärger der Gewerkschaften.

Ich erinnere mich da an die Tage meiner Jugend, als ich auf einem Bauernhof ein junges Knechtl gewesen bin. Da hat der Bauer um halb vier Uhr früh mit harter Faust an die Gesindekammer geschlagen und uns zum

Rosenkranzbeten heruntergerufen. Es war so warm in der Stube, man hat auf dem harten Boden gekniet, die Arme auf die Bank gestützt, die Hände ineinander verkrampft und mit dem Schlaf gekämpft. Direkt einschlafen hat man nicht können, weil die Großmutter, sonst längst im Austrag, das sogleich gemerkt hätte. Sie hatte eine so einschläfernd murmelnde Stimme, aber wenn sie gemerkt hat, daß ihr nicht mehr laut genug geantwortet wurde, dann hat sich ihre Stimme jäh gehoben, und sie hörte sich dann an wie ein zorniger Hahnenschrei: »Derr für ins gekeisselt worden ischt!«

Dann hat es einen wieder in die Höhe gerissen. Endlich ist die halbe Stunde dann vorbeigewesen. Man hat Amen gesagt und sich ans Herz geklopft. Dann ist man schlaftrunken in den Stall hinaus und hat sich den Mistkarren hereingeholt. Draußen war noch stockdunkle Nacht. Ein kalter Wind wehte um die Ecken und Kanten des Hofes.

Ach ja, man hat alles so hingenommen, den armen Seelen zuliebe und in dem Glauben, daß man ein wenig zu ihrer Erlösung beitragen könnte. Man geht auch ihretwegen am Allerheiligentag zum Friedhof und steht an den Gräbern. Ich gehe immer am Vortag in einer Nachmittagsstunde dorthin, weil mich das emsige Treiben dort interessiert, wenn die Gräber für den nächsten Tag hergerichtet werden. In die reinste Parklandschaft verwandelt sich der Friedhof. Sündteure Blumen und kleine Erikastöckerl, wie man es sich gerade leisten kann. Die reinsten Ornamente werden aufgebaut, und der Einfallsreichtum mancher Menschen zeugt dabei von geradezu künstlerischer Qualität.

Auch in diesem Jahr gehe ich wieder zu der gewissen Stunde in den Friedhof. Langsam schlendere ich so durch die schmalen Wege, und mir will scheinen, als ob es jedes Jahr mehr der Grabsteine würden. Den einen oder andern hat man ja gekannt, und man wundert sich, daß der mit zweiundsechzig Jahren bereits den Löffel weggelegt hat. Er hat nicht mehr essen und trinken wollen. Nur mehr schlafen, ganz tief schlafen und nimmer aufwachen. Und es ist ein großes Glück, wenn einer so wegschlafen kann und nicht lange auf seinem Schmerzenslager auf den Tod warten muß.

Besonders interessant sind die Angaben auf alten Grabsteinen. »Hier ruht in Gott Mathilde Eisenloher, Lokomotivheizersgattin.« Oder: »Magdalena Schurer, Kolonialwarengeschäftsinhaberin.« Ich lese den Namen der Schuhmachermeistersgattin Hanslmaier, geborene Kramer. Weiter vorne, in der anderen Hälfte des Friedhofes, liegt der königlich bayrische Trambahnschaffner Nikodemus Wurzer, der nach seiner Pensionierung in sein Heimatdorf zurückgekommen ist. Er ist einhundertdrei Jahre alt geworden, und ich denke, daß der Staat diesem Mann eine ganz schöne Pension ausbezahlen hat müssen.

»Der wär' vielleicht noch viel älter geworden«, sagt eine Frau neben mir, die mit einem Beserl die Grabumrandung abkehrt. »Aber der hat zu üppig gelebt.«

»Hat er üppig gelebt?«

»Und wie. Jeden Tag seine fünf bis sechs Halbe Bier, nichts wie Schweinshaxen oder Kalbshaxen. Und geraucht hat er wie ein Schlot.«

»Na ja, der hat wenigstens was gehabt vom Leben«, sage ich.

»Ja, da ham S' auch wieder recht«, meint die Frau und kehrt weiter.

Ich gehe auch weiter, bleibe erst weiter vorne wieder vor einem schlichten Holzkreuz stehen. Ach ja, der Christian Lechner. In seiner Jugend ist er einmal bis zum Stimmbruch bei den Regensburger Domspatzen gewesen. Später war er dann Gemeindesekretär und Leiter des Kirchenchores. Er hat mir viel erzählt aus seinem Leben, vor allem seine Weibergeschichten. Ich erinnere mich wieder, bücke mich nach dem Zweiglein im Weihwasserschüsselchen und schenke ihm auch ein paar Tropfen des geweihten Wassers, das ja gar nicht mehr geweiht sein kann, wenn es so viel geregnet hat wie diesen Sommer.

Weiter vorne kniet die Tochter des Viehhändlers Aufham und steckt weiße Zwergasterln in Herzform in die schwarze Erde ihres verunglückten Bräutigams. Wenn es wenigstens rote Astern gewesen wären. Sie tut es mit viel Hingabe und schmerzverzerrtem Gesicht. Dabei weiß sie gar nicht, ob sie der Schlossermeisterssohn wirklich geheiratet hätte.

In der gleichen Reihe liegt ein Zahnarzt. Seinen Hügel schmückt nur ein kleines Kreuz aus Schmiedeeisen. Er ist im Hochwasser umgekommen. Nicht eine einzige Blume liegt auf seinem Grab. Er hat keine Angehörigen. Man hat ihn vergessen. Und dabei war er so ein lustiger Mensch. Man erinnert sich seiner höchstens angesichts eines zähen Rindfleisches, wenn man merkt, daß die Zahnprothese nicht richtig sitzt.

Weiter vorne an der Ligusterhecke ist die etwas pompöse Grabstätte des Lindenwirts Xaver Bachhuber. An manchen Grabstätten sieht man die kleinen ovalen Bildchen der Verstorbenen. Auf diesem Grabstein aber ist der Kopf des Lindenwirts in natürlicher Größe abgebildet. Er blickt einen mit seinen kleinen Schweinsäuglein listig und abschätzend an, so, wie er im Leben die Bauern angeschaut hat, wenn er ihnen eine Sau abgekauft hat oder eine Schlachtkuh. Das Doppelkinn ist auch da und der über die Mundwinkel herabhängende Schnurrbart. Im Leben sind der Wirt und seine Wirtin wie Hund und Katze zueinander gewesen. Entweder hatte er einen Kratzer im Gesicht oder sie ein blaues Auge. Und jetzt rennt sie jeden Tag auf den Friedhof, bringt ihm ein paar Blümerl. Dann schaut sie sich um, ob niemand um die Wege ist und küßt dann das Bild auf dem Grabmonument. Auch jetzt steht sie da, hat gerade fünf Chrysanthemen aufs Grab gelegt. Ganz gebeugt und zerknirscht steht sie da, erst als sie meinen Schritt hört, hebt sie den Kopf. Ich grüße und will vorbeigehen, aber sie hält mich auf.

»Ich wollt Ihnen nur sagen, daß wir heut' früh wieder einmal ein richtiges Milchkaiberl geschlachtet haben.«

»So? Na, das ist ja erfreulich. Also kein Östrogenkaiberl?«

»Nein, ein Vierwochenkaiberl vom Huberbauern. Direkt von der Kuh weg. Und da hab' ich an Sie denken müssen, weil Sie doch Kalbslüngerl mit Knödl immer so gern mögen haben.«

»Danke vielmals, Frau Wirtin. Ich werde mich daran erinnern.« Man kommt einfach nicht so leicht weg von dieser Frau. Immer weiß sie etwas anderes.

»Ihnen hab ich jetzt schon länger nimmer gesehn bei uns«, sagt sie.

»Ich war verreist.«

»Ach so. Schreiben S' wieder was Neues. Dann ist es schon recht. Ich hab' mir schon gedacht, Sie wären zum Oberwirt nübergewechselt.«

»Nein, nein, ich bleib Ihnen schon treu.«

»Dann ist's schon recht.« Sie schaut sich ein wenig um und flüstert mir zu: »Vorige Woche war beim Oberwirt die Lebensmittelkontrolle, und da soll man zehn Pfund Leberkäs gefunden haben, der nicht mehr ganz koscher war.«

»Tatsächlich?«

»Ich hab' das aus sicherer Quelle. Und eins weiß ich gewiß: bei uns gibt es keinen stinkenden Leberkäs.«

»Das glaub' ich Ihnen aufs Wort.«

Sie holt ein bißchen Atem und schaut mich prüfend an. »Jetzt weiß ich nicht, soll ich die Chrysanthemen gleich dalassen oder wieder mitheimnehmen bis morgen. Wenn es friert heute Nacht, sind sie hin.«

»Vielleicht wenn Sie die Blumen zudecken?«

»Ja, da haben Sie recht. Ich sag' Ihnen was, den Gärtnern schneibt es jetzt wieder das Geld, auf Allerheiligen.«

Vom Gärtner kam sie auf die Kramerin, die Kerzen waschkorbweise verkaufte, und dann noch auf den Glasermeister Jänisch zu sprechen, bei dem man so kleine rote Laternchen kaufen könne. Alle würden sie an Allerheiligen verdienen – nur sie nicht, die nach dem Gräberumgang ihre Gaststube doch immer voller Gäste hat.

Endlich komme ich los von ihr. Aber ein Stückl weiter vorn schrubbt die Frau Ederl mit einer Bürste den Grabstein sauber. Neben ihr auf dem Boden steht eine Persilschachtel. Als sie mich kommen sieht, hört sie sofort zu arbeiten auf, wischt sich mit dem Ellbogen über die Stirne und klagt: »Man möcht' es nicht glauben, was sich den Sommer über Staub ansammelt auf so einem Grabstein.«

Ich nicke und denke, daß es ja doch immer wieder einmal geregnet hat. Regen spült die Steine blank. Flüchtig lese ich Namen und Datum. »Ist das bei Ihrem Mann schon wieder zwei Jahre her?«

»Ja, ja, raufbeten sollte man halt so einen guten Menschen können. Aber von da drunt ist noch keiner raufgekommen. Und dabei muß ich immer denken, daß er noch leben könnt, wenn er sich besser gehalten hätte.«

Man müßte halt einmal nachforschen, warum ein sonst so korrekter Mann, wie der Oberinspektor Ederl einer gewesen ist, zum Schnaps gegriffen hat. Einmal hat er zu mir gesagt: »Ich tue ihr sonst nichts weg, meiner Frau, aber sie hat Haar auf den Zähnen, und manchmal macht sie mir das Leben zur Hölle.«

»Mein Trost ist nur«, vertraut mir die Frau an, »daß er mir eine schöne Pension hinterlassen hat.«

Ich hätte es vielleicht nicht sagen sollen, es ist mir nur unwillkürlich so herausgerutscht: »So wie Sie noch ausschaun, Frau Ederl, Sie könnten ja leicht noch einmal heiraten?«

Wie elektrisiert warf sie den Kopf hoch: »Ja, gell, das sagen Sie auch. Daran hab' ich auch schon ein paarmal gedacht. Aber dann verlier' ich die schöne Pension. Und bloß so locker mit einem zusammenleben, nur daß das Bett nebenan nicht leer ist, das mag ich auch nicht. Sie kennen ja die Leut', die hängen einem gleich was Schlechtes an. Da wär grad die Gradlin, meine Nachbarin, die rechte. Sie – wenn ich Ihnen sagen tät, was die alles auf dem Kerbholz hat. Im Witwenstand ein Kind und nicht wissen, wer der Vater ist. Ich könnt' schon reden, wenn ich möcht'.«

Nun, das interessiert mich jetzt wirklich nicht mehr. Ich mache, daß ich weiterkomme und schaue dann nur noch ins Leichenhaus hinein. Die alte Holzhamermutter liegt dort aufgebahrt. Zwei Kerzen brennen hoch über ihren weißen Haaren, die man ihr so keck in die Stirne hineingekampelt hat zu einer Frisur, wie sie diese vielleicht in ihrer Jugendblüte so getragen hat. Sechsundachtzig Jahre ist sie alt geworden. So steht es auf dem schwarzen Taferl über ihr. Barbara Hölzl, Austragsmutter zu Holzham. Ihr Gesicht ist zusammengeschrumpft wie ein Lederapfel um Maria Lichtmeß, der Mund gespitzt, als hätte sie vor dem Absterben noch mal die Hühner herangelockt. Für sie bete ich gern ein Vaterunser, denn in der harten Zeit nach dem Kriege haben ihre Hände nicht so verkrampft über der Brust gelegen. Ich habe manchmal einen halben Laib Bauernbrot von ihr bekommen, ein Stückerl Rauchfleisch oder ein paar Eier zu christlichem Preis. Das vergelte ihr Gott noch im Tode. Dabei bedenke ich, wie wichtig es ist, daß man auch in Zeiten des Wohlstandes sein Vaterunser noch kann und sich nicht erst wieder daran erinnert, wenn die große Not kommt oder der Tod.

Nun gehe ich langsam den Hauptweg zum Ausgang zurück. Inzwischen ist ein kalter Wind aufgekommen. Grau und feucht zieht der Nebel über die Ligusterhecken in den Friedhof herein und geistert zwischen den Grabsteinen umeinander. Wenn mich nicht alles täuscht, gibt es morgen schlechtes Wetter. Und tatsächlich, in der Nacht schneit es ein bißchen, und ein kalter Ostwind faucht durchs Dorf, die Wege und Straßen sind glatt und rutschig.

Um zwei Uhr ist dann die Allerheiligenfeier im Friedhof, der Gräberumgang, wie man sagt. Ich stehe mit den Meinen an unserer Familiengrabstätte, ein bißchen wehmütig und wie betäubt von Erinnerungen. Vorne in der Leichenhalle wird gebetet, und der Männergesangverein singt einen Trauerchoral. Ich kann nicht verstehen, wie die zwei Weiber an den Nachbargräbern sich während des Totengedenkens so ungerührt über weltliche Dinge unterhalten können.

»Die Frau Holsteiner – hast es gesehn, die hat schon wieder einen neuen Persianer an«, hat die Fuchsbergerin beobachtet.

»Persianerklaue«, wird sie von der Bäckermeisterin Grandl aufgeklärt. »Ich frag mich bloß, wo sie es herhaben. Er ist doch auch bloß Waschmaschinenvertreter.«

»Das frag' ich mich ja auch. Am Allerheiligentag angeben wie eine Steign voller Affen und bei mir anschreiben lassen.«

»Pst«, mache ich ärgerlich, und sie verstummen. Diese Stunde gehört doch wirklich nur denen, mit denen wir einmal gelebt haben und die von uns gegangen sind.

Stille jetzt weit und breit, bis auf einmal draußen ein Betrunkener vorübertorkelt. Man sieht zwar nichts von ihm, nur die hochgestellte Fasanenfeder auf seinem Hut wippt über der Ligusterhecke. Man braucht ihn auch nicht zu sehen, man weiß ja, wer sich so flegelhaft benimmt. Es ist der Scherenschleifer und Messerstecher Valentin, der wieder einmal aus dem Gefängnis heraußen ist.

»Ja so ein Tag«, grölt er, »so wunderschön wie heute.«

Ein paar Burschen vom Trachtenverein rennen hinaus und verjagen ihn. Dann kommt der Pfarrer mit den Ministranten. Er geht schnell durch die Wege und verspritzt Weihwasser links und rechts über die Gräber. Es ist so kalt geworden, daß man meint, die Tropfen müßten schon in der Luft gefrieren.

Dann gehen wir heim. Wir sitzen um den großen Bauerntisch und trinken Kaffee. Ein Platz an der Stirnseite ist leer. Nur eine Tasse steht dort und ein Kuchenteller. Daneben brennt mit ruhiger Flamme eine Kerze. Es ist der Mutter ihr Platz gewesen.

Der Gräberumgang ist wieder einmal vorüber. Aber es wird im nächsten Jahr nicht anders sein. Nur, daß man dann vielleicht selber unter denen ist, die beweint werden und für die gebetet wird. Der Tod schleicht ja dauernd umher und hört sich um. Sein Schritt ist lautlos, und man weiß nie, wann er zu einem selber kommt. Nur Gott allein weiß es. Jedenfalls hat er noch keinen vergessen.

Um die Winterszeit

Ende November fallen die ersten Flocken. Sie wirbeln ein bißchen durcheinander, als wüßten sie nicht recht, wo sie sich endgültig niederlassen sollen. Ein heiteres Spiel ist es, weiter noch nichts. Es ist für ein paar Langweilige auch noch ein wenig zu früh. Sie haben noch Mist auf den Wiesen, der ausgebreitet werden muß. Da und dort brennen noch etliche Kartoffelkrautfeuer auf den Höhen und leuchten gespenstisch in der Dämmerung. Das Maschinenzeitalter ist noch lange nicht angebrochen, es geht alles noch ein wenig langsamer und mühevoller im Bauernalltag.

Aber dann darf der Apostel, dem der HERR das Wetter anvertraut hat, nicht mehr länger zuwarten. Petrus schielt sowieso schon fragend aus seiner Himmelspforte hinauf zum himmlischen Thron. Warum läßt du denn immer noch nicht richtig schneien? Willst du denn ewig Rücksicht nehmen auf die Langsamen und Bedächtigen da drunten auf der Erde. Die kommen doch nie zurecht, und die Erde wartet auf den Schnee, sie hat Anspruch darauf. Also, bitte, laß mich meine Pflicht und Schuldigkeit tun.

Und auf ein zustimmendes Nicken von Oben zieht Petrus gleich mehrmals an dem Hebel rechts neben der Pforte, mit dem er die Schneewolken freigibt. Es schneit dann drei Tage und drei Nächte ununterbrochen. Ein weißes Bahrtuch breitet sich über das Dorf, breitet sich einen halben Meter hoch über die Saaten und legt sich auf die Dächer der Häuser. Nur um die

Kamine herum bildet sich dann noch ein schwarzer, schneefreier Fleck von der Wärme des Herdfeuers, das drunter brennt.

Der Gemeindediener läuft umher und muß ansagen, wer den Schneepflug zu fahren hat. Vierspännig natürlich. Jeder kommt einmal dran. Um fünf Uhr früh fährt der Schneepflug schon durch das Dorf, damit wenigstens die paar alten Leute zum Engelamt gehen können. Die Glocke läutet dazu dünn durch Finsternis und Kälte. Die Menschen stampfen vor dem Glockenhaus ihre Schuhe ab, und der Atem kommt gleich Nebelfahnen aus ihren Mündern. Dann huschen sie in die spärlich erleuchtete Kirche, zünden in ihrer Bank ein Wachslichterl an und falten die klammen Hände über der kleinen Flamme. Sie klagen nicht über die grimmige Kälte, denn sie denken an den Zimmermann aus Nazareth, der um diese Jahreszeit mit seiner Frau Maria unterwegs gewesen ist, weil ihr Kaiser im fernen Rom hat wissen wollen, über wieviel Untertanen er gebot. Daran hat sich bis heute noch nicht viel geändert. Vielleicht ist der moderne Staat sogar noch viel unbarmherziger und sendet seine Boten aus.

»Was, du kannst nicht zahlen, Brillhofer?«

Die Frau ist krank und das kostet viel Geld.

»Ja, dafür bin doch ich nicht verantwortlich. Warum seid ihr nicht in einer Krankenkasse? Es tut mir leid, aber ich muß pfänden«, sagt der Beamte und öffnet seine Ledertasche.

An den blauen Bauernschrank mit dem flammenden Jesuherzen an den Türen, mit den selbstgesponnenen Leinenballen, da wird ein Wapperl über das Schloß geklebt, das man sinnigerweise Kuckuck nennt. Und das kleine Bild dort neben der Schlüsselstellage, ist denn das nicht ein Defregger? Braucht man den vielleicht? Also auch einen Kuckuck drauf, der freilich absolut nichts mit dem taubengroßen Vogel zu tun hat, der in der Maienfrühe seinen klingenden Ruf durch die Wälder klingen läßt. Nein, dieser papierene Kuckuck droht und mahnt schweigend. Er ist so was wie eine Schande fürs ganze Haus. Darum betet die alte Brillhofermutter gar so hingebend und andächtig beim Engelamt, daß doch dieses schändliche Wapperl bald wieder entfernt werden könnte. Sie friert an den Fingern. Aber der Pfarrer kann auch keine Handschuhe anziehen. Wie sollte er denn damit die Seiten des Meßbuches umblättern oder die Hostie anfassen. Der Kelch mit dem Wein ist auch so bitterkalt, aber den braucht er ja nicht lange in den Händen zu halten. Er trinkt halt schneller als sonst. Außerdem kann ihm die Kälte wenig anhaben, weil er warm angezogen ist unter seinem Priestergewand, mit Pelzstiefeln an den Füßen. Auch sonst sind seine Hände nicht so empfindlich, denn hier in diesem Dorf hat der Pfarrer zugleich auch Bauer zu sein. Irgendeine kinderlose, alte, ganz Gott dem Herrn ergebene Bäuerin hat einst ihren Hof der Kirche vererbt. Darum muß das Ordinariat in diesem Dorf immer einen Pfarrer einsetzen, der aus dem Bauernstand kommt. Er soll säen können und ernten, und der Umgang mit der Sense darf ihm nicht fremd sein. Andreas Birkl heißt dieser Pfarrer. Er stammt aus Niederbayern, ist vielleicht Anfang Vierzig, groß und breitschultrig und ein guter Hirte des Herrn, der diesen Hof mit seinen hundertsechzig Tagwerk mustergültig verwaltet. Zwei Mägde und drei Knechte sind auf dem Pfarrhof. Zwei seiner Schwestern hat er mitgebracht, die das Haus versorgen. Die ältere, die Klara, fungiert als Köchin, eine energische Person, breithüftig und mit einem scharfen Mundwerk. Agnes heißt die jüngere Schwester, sie ist erst achtzehn geworden im Mai, ein sanftes Wesen, blondhaarig und blauäugig.

Über dreißig Jahre Unterschied bei Geschwistern? Das kann ich mir kaum vorstellen.

Das Engelamt geht zu Ende. Die rauhe Husterei der Leute auch, die der Winter mit seiner Kälte so jäh überfallen hat. Nur das dünne Hüsteln der Wimmer-Magdalena ist noch zu hören, die es auf der Lunge hat. Der Pfarrer hebt die Hand zum Segen ein bißchen lässig, weil er noch unausgeschlafen und müde ist. Er hat um drei Uhr früh noch auf seiner gefleckten Schimmelstute zu einem entfernten Berghof zu einer Sterbenden reiten müssen, weil sich der Tod auch durch noch so viel Schnee nicht aufhalten läßt.

Nun freut er sich auf das Frühstück, das er zu solcher Zeit immer in der Küche bei der Schwester Klara einnimmt, die ihm bei der Gelegenheit dann alles so sagt, was er von der Landwirtschaft wissen muß. So, so, die Knechte sind also schon fort in den Winterwald zum Holzfällen. Um sechs Uhr früh mit den Laternen. Da braucht er sich nicht zu kümmern, sie sind verläßlich. Aber ihm fällt noch so viel anderes ein. Die Nikolauszeit ist da, und er erinnert seine Schwester Agnes daran, daß sie im Vorjahr doch die goldene Borte vom Umhang abgerissen habe, ob die denn wieder angenäht sei.

Die Schwestern sind bereits dabei, Teig zu kneten

für Weihnachtsgebäck, Zimtsterne, Anisplätzchen und Kokosflocken. Der brüderliche Hochwürden wirft zuweilen einen Blick zum Herd hinüber und meint, auch hier seine Meinung kundtun zu müssen. »Ich weiß nicht, Klara, ob du nicht ein bißchen Schokolade über die Anisplätzchen streichen solltest.«

Die Klara hält in ihrer Arbeit inne und bläst sich mit vorgeschobener Unterlippe zur erhitzten Stirne hinauf. »Ich will dir einmal was sagen, Bruder Andreas. Kümmere du dich um deine Kirche und nicht um meine Bäckerei.«

Ja, so ist sie. Selbstherrlich und ohne großen Respekt vor dem geweihten Bruder, dem sie schon oft genug gesagt hat, daß sie nur um seinetwillen auf alle weltlichen Genüsse verzichtet habe, um ihm und der Kirche in Demut zu dienen.

»Mit der Demut ist es bei dir nicht gar so weit her«, hatte ihr der Bruder einmal geantwortet. »Wenn ich alles so nachrechne, mit Lohn, Invalidenversicherung und Krankenkasse kommst du mich ganz schön teuer. Außerdem ist es gar nicht so sicher, ob dich jener Nähmaschinenvertreter damals auch wirklich geheiratet hätte.«

Daraufhin hatten sich dann Bruder und Schwester vierzehn Tage lang nicht mehr viel zu sagen gehabt.

Da war doch die Agnes ganz anders, die wörtelte ihm nie nach, die hatte Ehrfurcht vor seinem Priestergewand, war immer geduldig und so still, besonders jetzt in dieser Adventszeit, die man auch die ruhigste Zeit des Jahres nennt. Aber so ruhig ist sie gar nicht. Es ereignet sich immer etwas, das dem Pfarrer Verdruß bereitet. Und immer ist es etwas anderes.

Da ist dieser Ruckdeschl, ein Kleinhäusler von Langmoos droben, aus dem Gefängnis entlassen worden. Drei Wochen hat er absitzen müssen wegen vier gewilderter Hasen. Natürlich hat er es gebeichtet, und der Pfarrer hat ihm fünf Vaterunser als Buße aufgegeben. Da war sein Vorgänger schon ein anderer. Der hat ihm schon einmal so einen Hasen abgenommen für gutes Geld. Aber der neue, der nimmt es da genauer. »Diebstahl ist Diebstahl«, hat er durchs Gitter des Beichtstuhles gesagt. Und er hat sich auch nicht erweichen lassen, als ihm der Ruckdeschl zurückgeflüstert hat, daß man es auch als Mundraub bezeichnen könne.

»Ja, einen, aber nicht vier.«

Das Gericht war dann auch dieser Ansicht und hat ihm vier Wochen aufgebrummt. So eine Gemeinheit. Sind ihm denn die Hasen nicht von selber in seinen Garten gelaufen und haben ein paar Krautköpfe angefressen.

Ja, da hätte er eben das Gartentürchen vorher zumachen müssen und nicht erst dann, schnell und berechnend, als die Hasen bereits drinnen waren. So hat der Wachtmeister vor Gericht ausgesagt. Außerdem sei es ja auch Tierquälerei, wenn man so unbeholfene Tierchen einfach mit einem Prügel erschlägt, anstatt sie waidmännisch mit Schrotkugeln zu erlegen.

»Mit Schrotkugeln«, hat sich der Ruckdeschl hinauszureden versucht, »da hast ja dann beim Ragout alle Augenblick ein Schrotkügerl zwischen den Zähnen.«

Bevor der Ruckdeschl ganz zu den Seinen heimkehrt, kehrt er noch beim Stinglwirt an der Kreuzstraße ein. Endlich wieder einmal eine frische Maß Bier und einen schwarzen Preßsack in Essig und Öl. Dort bedient ihn aber heute eine entfernte Verwandte der Wirtin, die gerade im Kindbett liegt, obwohl sie Witwe ist und nicht recht weiß, wer der Vater des Knäbleins ist. Es kann der Landmaschinenvertreter Huber sein, der Kaminkehrer oder der Oberknecht vom Harlanderbauern.

Der Ruckdeschl nickt versonnen vor sich hin und meint dann. »Na ja, einen lustigen Unterleib hat die Wirtin schon immer gehabt!«

Aber das ist es nicht allein, was dem Pfarrherrn Verdruß bereitet. Da ist die jüngste Tochter des Wegmachers Gmeindl, diese Ursula: Kaum achtzehnjährig ist sie mit einem angeblichen Kunstmaler ausgerissen. Der Maler hat sie aber gar nicht zum Modellstehen gebraucht. Er hat sie vielmehr an die Straße gestellt und befohlen: »So, da bleibst du stehen und bist nett zu den Männern, die dich ansprechen. Und wenn keiner dich anspricht, dann sprichst du ihn an. Von was, meinst du, sollen wir denn sonst leben?«

Sie muß recht fleißig sein, die Ursula, man darf bloß keine Moral nicht haben, sagt sie sich. Und einmal, da hat sie wie immer unter der alten Gaslaterne gestanden. Ein kalter Wind hat ihr ins Gesichtl geblasen, und sie hat das Schultertuch enger um den Hals gezogen. Da hört sie einen Schritt aus dem Nebel kommen. Es ist ein Soldat, der an ihr vorübergeht, so daß sich die Ursula ihm entgegenstellt.

»Na du«, flüstert sie. »Dich friert doch sicher.«

Der Soldat schaut sie an. »Ach, du bist es, Ursula? Aber mich friert nicht.«

Die Ursula schlägt den Arm vors Gesicht. Es ist der Hirschenwirtssohn vom heimatlichen Dorf, der in der Stadt seine Rekrutenzeit abdient. Der Hansl, denkt sie zu Tode erschrocken und rennt davon.

Solche Sachen werden natürlich auch ins Pfarrhaus getragen, und sie machen das Herz des Pfarrers schwer. Aber er darf nicht verdammen, wenn so ein Menschenkind in die Irre geraten ist. Der Herr hat ja jene Magdalena auch nicht verdammt. Also betet er für sie, daß sie wieder zurückfindet, wenn auch nicht gerade auf den Pfad der Tugend, so wenigstens in ein geordnetes Leben.

Um diese Adventszeit kommt auch jedes Jahr der Hausierer Emanuel mit Rückenkürbe und Bauchladen ins Dorf, und niemand stört es, daß er israelitischen Glaubens ist. Ja, man liebt ihn geradezu und freut sich auf sein Kommen, weil er ja doch noch diesen oder jenen Weihnachtswunsch erfüllen kann. Und Emanuel ist nicht kleinlich, hat immer eine Menge Süßigkeiten in seinem Kaftan versteckt für die Kinder. Und wenn ein Bauernknecht für die Kuchlmagd noch ein Wachsstöckl kaufen will, weil sie ihm das ganze Jahr über das Bett gemacht und die Kammer aufgeräumt hat, dann richtet er zuerst eine ganze Weile seine kleinen Äuglein auf den Burschen, bis er sagt:

»Was? Eine Mark ist dir zuviel für soviel an dich verschwendete Mühe. Gut, dann gib deine achtzig Pfennig her. Gott der Gerechte, verdienen kann ich nichts mehr daran. Aber ich weiß, sie ist nicht deine Geliebte, die kleine Küchenmagd, sonst hättest du schon mehr als achtzig Pfennige für sie geopfert. Aus Liebe haben schon manche ihr ganzes Vermögen geopfert.«

Emanuel schläft immer im Pfarrhof. Nicht gerade im Bischofszimmer, sondern in einem Dachzimmer mit einem Kanonenofen. Gabriel, der Jungknecht am Pfarrhof, heizt ihm ein, damit der Hausierer seine Sachen ordnen kann: die vielen Bänder in Samt und Seide in allen Farben, gut riechende Seifen, Haaröl, Pfeifen und Taschenmesser mit sieben Klingen.

Gabriel wählt unter den Seidenbändern. »Was meinst du, Emanuel? Welche Farbe rätst du mir?«

»Ich weiß nicht, Gabriel. Daß grün die Hoffnung bedeutet, weißt du ja. Und daß rot die Liebe ist, das dürfte dir allmählich mit deinen achtzehn Jahren auch schon aufgegangen sein.«

»Blau in blondes Haar geflochten, das müßte sich gut ausnehmen«, stellt sich Gabriel vor. Er nimmt also ein blaues. Es ist dreiviertel Meter lang und zehn Zentimeter breit. Er bezahlt, was verlangt wird, aber der Hausierer schenkt ihm einen kleinen runden Spiegel dazu.

»Du mußt jetzt bald anfangen, dich zu rasieren«, sagt er. »Ja und dann, du mußt dich gründlicher waschen, Gabriel. Du riechst nach Pferdestall. Da, nimm die Lilienmilchseife dazu. Sechzig Pfennige, bitte schön.«

Dann kommt der Vorabend des Nikolaustages, der sechste Dezember heran. Die Pfarrerschwester sortiert die Geschenke, welche die Leute im Pfarrhof abgeben, damit sie den Kindern gebracht werden. Die Häuser und Höfe, die der Nikolaus besuchen soll, hat sie in einer Liste aufgeschrieben.

»Aber nicht vor sieben Uhr«, bittet die Mühlbacherin. »Eher sind wir im Stall nicht fertig.«

Als die Dämmerung hereinbricht, wird die Agnes

als Nikolaus hergerichtet. Zuerst bekommt sie ein langes weißes Chorhemd des geistlichen Bruders angezogen. Dann ein breites Goldband um die Taille. Dann wird ihr ein roter Überhang um die schmalen Schultern gelegt. Zuletzt kommt die hohe Bischofsmütze über das blonde Haar. Schließlich drückt man ihr noch den langen Bischofsstab mit der Krümme am oberen Ende in die Hand. Ein schöner Nikolaus, ein ehrwürdiger Bischof, der unter den strengen Augen des hochwürdigen Bruders vor dem großen Spiegel im Flur noch üben muß, wie man die Kinder zum Schluß noch segnet. Nein, drei Finger genügen, Agnes. Die andern zwei ziehst du ein, ja, so ist es richtig.

Nach ihr wird der »Schwarze«, der Jungknecht Gabriel, hergerichtet. Er muß zum Fürchten sein, ganz schwarz, mit rotgeränderten Augen und zwei Hörndeln über der Stirn. Die Klara streicht mit Wonne Ruß über sein Gesicht. So muß der Teufel aussehen, der Höllenfürst. Im Volksmund nennt man ihn den Sparifankerl. Er soll mit der Kette rasseln, dumpf und drohend in der Stimme sein. In seinen Sack werden die Geschenke gelegt, aber der Sparifankerl muß auch drohen können, wenn ein Kind nicht folgsam ist.

Der Pfarrer spritzt noch Weihwasser über die beiden hin. »Gott segne euch«, sagte er, dann ziehen sie los. Draußen ist es bereits stockdunkel. Die Schritte knirschen auf dem hartgetretenen Schnee, und an dem Geländer der Bachbrücke hängen meterlange Eiszapfen. Der Sparifankerl rasselt vor der ersten Haustüre. Drinnen werden die Kinder blaß und rot zugleich. Sie suchen den Kittel der Mutter, und das Kleinste schlüpft zwischen die Knie des Vaters. Dann schaun sie mit großen Augen hoffnungsvoll auf den schönen Nikolaus, der sie gegen den Sparifankerl schon in Schutz nehmen wird. Und sie wundern sich, daß der Nikolaus alles weiß. Dem Sepperl vom Walloherbauern hält er vor, daß er im abgelaufenen Jahr dreimal die Schule geschwänzt habe, und von seiner Schwester, der Liesl, weiß er, daß sie der alten Brotfahrerin vier Semmeln und zwei Bretzen aus ihrem Korb gestohlen habe. Ob sie das noch mal tun werden?

Nein, nie wieder. Das dürfe der heilige Nikolaus schon glauben.

Dann greift der Sparifankerl in seinen Sack und teilt die Geschenke aus.

»Vergelt's Gott«, sagt dann die Walloherin und drückt dem Nikolaus heimlich ein Geldstück in die Hand.

Endlich kommen sie dann auch zum Mühlbachhof. Es ist überall dasselbe: die Angst der Kinder, das Zittern und Bangen. Hier rasselt der Sparifankerl überflüssigerweise auch in der Stube noch mal mit seiner Kette und fragt mit düsterer Stimme: »Seid ihr auch brav gewesen?«

»Diese Frage steht mir zu«, flüstert ihm der Nikolaus zu. »Also, Kinder, wie ist es mit euch. Habt ihr auch immer schön brav gefolgt. Und könnt ihr auch beten?«

Ohne direkt gefragt zu sein, faltet die kleine Gretl sofort die Hände und betet laut los:

»Jesukindlein komm zu mir
mach ein schönes Kind aus mir.
Mein Herz ist klein, kann überhaupt niemand hinein als du, mein liebes Nikolauselein.«

»Na, na«, sagt der Nikolaus gütig und voller Milde. »So heißt es ja gerade nicht. Aber jedenfalls, der gute Wille ist da. Sparifankerl, beschenke das Kind. Und du, Fritzl, kannst du auch was. Ein Gedicht vielleicht?«

Der Fritzl reckt seinen langen Hals, schaut zur Stubendecke hinauf und schmettert heraus:

»Es zogen drei Burschen wohl über den Rhein,
bei einer Frau Wirtin, da kehrten sie ein.«

»Aber das ist doch ein Lied und kein Gedicht«, knurrte der Sparifankerl.

»Doch«, belehrt ihn sein Meister Nikolaus. »Zuerst ist es immer ein Gedicht und dann erst macht ein Komponist ein Lied daraus. Aber woher solltest du das wissen, der doch aus höllischen Gründen heraufkommt.«

Endlich sind die zwei dann fertig. Inzwischen ist der Mond aufgegangen, und es ist noch kälter geworden. Vom Bach herauf steigt es eisig empor. Schneidend pfeift der Wind von Osten her. Und nirgends ein Winkel, der Schutz bieten könnte. Doch, beim Lagerhaus ist so ein vorgebauter Laden. Der heilige Nikolaus muß doch das vereinnahmte Trinkgeld mit dem Sparifankerl teilen. Der Mond scheint gerade so hell, daß die Agnes dem Gabriel die drei Mark und sechzig Pfennige auszahlen kann. Vielleicht ist ihre Hälfte sogar ein bißchen kleiner. Sie sollten der bitteren Kälte wegen schaun, daß sie heimkommen in die warme Stube. Aber sie bleiben noch ein bißchen im schützenden Winkel stehen. Sie sind ja noch so blühend jung, und ihr Blut rinnt noch warm durch die Adern.

»Hast du kalte Hände?« fragt Gabriel und faßt nach Agnes' Händen.

»Nein, Gabriel, mich friert überhaupt nicht.« Sie schiebt ihre Hände noch tiefer in die seinen. Es ist ja nicht ganz das erste Mal. Es reizt die beiden ja schon länger. Überhaupt, was die Agnes betrifft, sie ist nicht ganz so engelgleich, wie man von ihr meint. Sie hat »Nana« gelesen von einem gewissen Zola und weiß schon ein bißchen Bescheid, was die Liebe betrifft. Wenn Gabriel nur nicht so unwissend und unbeholfen wäre. Immerhin legt er jetzt seinen Arm um ihre Hüfte und spricht vom Mond.

»Wie der Mond schön scheint«, flüstert er.

»Ja, wunderschön, Gabriel.«

»Schad, daß es gar so kalt ist im Winter.«

»Ja, bitterkalt, Gabriel.«

»Aber wenn 's Sommer wär, dann könnten wir in die Heidelbeeren geh'n.«

»Ja, da hast du recht. Aber es ist halt leider Winter. Es hat soviel Schnee und es ist kalt.«

»Nirgends kann man sich niedersetzen. Auf die Laderampe dort vielleicht schon, aber da zieht der Wind so hin.«

»Zugluft kann ich auch nicht vertragen«, gesteht die Agnes.

»Ja, eben, wo du so zart bist und so feingliedrig.«

»Darauf nimmst du also Rücksicht und traust dich gar nichts.«

Oh, das hätte die Agnes vielleicht nicht sagen sollen, denn Gabriel findet jetzt immerhin den Mut, seine Hand unter den Bischofsumhang zu schieben und um ihre Taille zu legen. »Ah, wie schön warm du bist.«

»Ja gell«, lächelt die Agnes und schiebt ihren Körper recht nah an ihn hin. Da soll der Gabriel keine Zuversicht kriegen und keinen Unternehmungsgeist. Immerhin kann er sich den roten Mund unter dem langen, weißen Bart vorstellen.

»Es ist schon ein rechtes Kreuz«, jammert er.

»Was ist denn ein Kreuz, mein Sparifankerl?«

»Der Bart. Der kitzelt mich dauernd.«

»Wenn es weiter nichts ist«, sagt die Agnes und nimmt den Bart ab. »Jetzt komm her, wenn du dich traust, Sparifankerl.«

Und Gabriel getraut sich schon. Mein Gott, wie warm ihre Lippen sind. Er hätte nie geglaubt, daß ein heiliger Nikolaus so hingebend küssen kann.

»Mein lieber Sparifankerl«, will die Agnes in einer Atempause sagen. Aber sie kommt nur bis »Spari«, dann ist er schon wieder mit seinem hungrigen Mund da.

»Jetzt müssen wir aber heimgehn, Gabriel. Mich friert jetzt in die Zehen.« Die Agnes hängt das Gummiband wieder hinter die Ohren, der Bart fällt über den Mund. Aber sie bleiben noch oft stehen. Die Agnes muß den Bart jetzt auch nicht mehr ganz abnehmen, denn sie ist draufgekommen, daß sie ihn nur mit der Hand hochzuheben braucht, damit ihr Sparifankerl findet, was er sucht.

Dann sind sie daheim. Sie stampfen sich die Stiefel vor der Haustüre ab. Der warme Flur nimmt sie auf.

»So«, sagt der Herr Pfarrer. »Habt ihr jetzt eure Pflicht erfüllt.«

»Ja, lieber Bruder«, sagt die Agnes. »Bis ins letzte und gewissenhaft.«

»Ja, dann ist es schon recht. Kommt nur rein jetzt in die warme Stube und zieht euch die Sachen aus.«

Knechte und Mägde sitzen in der Stube. Man will ja auch hier im Pfarrhof ein wenig Nikolaus feiern. Äpfel und Nüsse stehen in einer großen Schüssel auf dem Tisch. Orangen und Feigen und Gläser mit ein bißchen Wein. Der Herr Pfarrer hat sich eine halblange Pfeife angezündet und fühlt sich glücklich und zufrieden. Niemand sonst als die Schwester Klara bemerkt es. Die aber starrt mißtrauisch und mit entsetzten Augen auf die Agnes. Dann schaut sie den Gabriel mit demselben Blick an. Schließlich steht sie auf und flüstert der Agnes zu: »Komm einmal mit mir raus.«

Im Flur draußen stemmt sie die Arme in die Hüften und fragt mit der scharfen Stimme eines Staatsanwalts: »Wieso bist du um den Mund und das Kinn herum so schwarz?«

Die Agnes spürt wohl, daß sie um die Stirne herum ganz brennend rot geworden sein muß. Aber sie hat ja nicht umsonst die Nana gelesen, und so hebt sie unschuldig die Augen: »Meine liebe Schwester, wie soll ich das wissen? Da muß schon im Bart innen was Rußiges gewesen sein.«

»Oder der Gabriel ist unter den Bart gekommen.«

»Der Sparifankerl? Schwester, du mußt aber eine schmutzige Phantasie haben. Es wäre unter meiner Würde, dir eine Erklärung abzugeben.«

»Dann wasch dich wenigstens jetzt. Aber ich werde in Zukunft ein scharfes Auge auf dich haben.«

Es bleibt weiterhin kalt, und immer wieder wirft es neuen Schnee her. Der Pfarrer, ganz Bauer und Landwirt jetzt, zählt im Trächtigkeitskalender die Tage, an denen eine geschlossene Schneedecke über den Feldern liegt. Hundert Tage dürfen es nicht werden, weil sonst die Saaten darunter ersticken. Nach achtzig Tagen setzt endlich Tauwetter ein. Bald blühn dann die ersten Leberblümchen am Bachrand, und die Palmkätzchen beginnen zu glänzen.

»Der liebe Gott macht alles recht«, sagt der Pfarrer. Und er sieht sich gezwungen, noch andere Überlegungen anzustellen, weil er seine Schwester Agnes und den Gabriel so vertraulich nah beieinander im Stall auf der Haferkiste sitzen sieht. Das wäre so schlimm nicht gewesen, aber es macht ihn stutzig, daß sie bei seinem Erscheinen so schnell auseinandergerumpelt sind. Er schlägt keinen Krach, dazu denkt er viel zu liberal. Warum sollte er die Agnes auch zur Rede stellen? Sie könnte ihm höchstens antworten, daß auch eine Pfarrersschwester keine Milch in den Adern habe und daß sie nicht zum Zölibat verpflichtet sei. Er schreibt nur an die Äbtissin der Fraueninsel, ob vielleicht in der Haushaltsschule noch ein Platz frei sei für seine Schwester Agnes.

Natürlich, wie könnte man einem Pfarrer etwas abschlagen. Die Agnes macht zwar ein betroffenes Gesicht, weil man sie um etwas betrügen will. Um den Gang in die Heidelbeeren etwa und überhaupt um alles, wonach ihr junges Blut sich drängt. Immerhin, sie fügt sich und geht.

»Geh im Herrn«, sagt ihr Bruder und schlägt das Kreuzzeichen über ihrer Stirne. Er gibt ihr etwas Geld mit, damit sie sich im Klostercafé etwas kaufen kann. Kaffee und Kuchen oder was sie sonst mag.

Agnes denkt für sich, daß sie auch eine Ansichtskarte kaufen wird, um sie ihrem Sparifankerl zu schreiben, daß er weiß, wie sehr sie an ihn denkt und damit er nicht ständig mit so einem verdrossenen Gesicht umherlaufen muß.

Aber diese Karte bekommt Gabriel nie in die Hand, weil die Post von der Schwester Klara in Empfang genommen wird und dann sofort in den Ofen wandert.

Und so endet eine Winterliebe ganz von selber, aber nur, weil die Agnes, wiederum durch die Vermittlung ihres geistlichen Bruders, in die Stadt zu einer reichen Herrschaft als Kindermädchen geht. Des geistlichen Bruders Hand ist ja nicht nur zum Segnen da, sondern auch zur Verhütung von Geschehnissen, die nicht nach seinem Sinn sind.

Gabriel aber schwört sich, im nächsten Winter keinen Sparifankerl mehr zu machen, denn mit der Klara, die den Nikolaus machen soll, will er nicht gehen. Die würde in ihrem Geiz auch kaum das Trinkgeld mit ihm teilen. Und selbst wenn sie auch in der Ecke beim Lagerhaus stehenbleiben und den weißen Bart lüften würde, so wäre das für ihn keine Erfüllung, denn geliebt hat er nur die eine, die Zarte, die Engelhafte, ganz einfach die Agnes.

Tante Mina

Sie hat den Kramladen in der Seilergasse, schräg gegenüber der Pfarrkirche von ihrer Mutter geerbt. Eigentlich ist sie niemandes Tante, denn sie ist ledig geblieben, nicht weil sie es so gewollt hat, sondern weil es ihr vom Schicksal auferlegt worden ist. In ihrer Jugend muß sie ein schönes Mädchen gewesen sein. Jetzt ist sie um die Fünfzig herum, ein bißchen in die Breite gegangen, aber stattlich von Figur, mit fülligem, dunkelblondem Haar und großen, hellen Augen in dem rundlichen Gesicht mit dem vollen, roten Mund. Wer den Namen »Tante Mina« aufgebracht hat, das weiß sie nicht. Wahrscheinlich Kinder, an die sie, wenn sie mit ihren Müttern einkaufen gekommen sind, immer eine kleine Süßigkeit verschenkt hat. Mit der Zeit haben es die Großen dann übernommen.

Tante Mina. Bei der man alles für den täglichen Gebrauch bekommt und die auch anschreibt bis zu einer gewissen Summe. Es ist ein recht gemütlicher Laden. Wenn die Küchentür nicht ganz geschlossen ist, dann kann man das Gulasch riechen, oder das Schweinerne mit Sauerkraut, oder was sie sich sonst zu Mittag kocht.

Ganz hinten in dem geräumigen Laden steht ein kleines rundes Tischchen, einige Sessel darum, und an der Wand eine lange Bank. Man nennt es das Rentnereckerl. Dort sitzen jeden Vormittag ab halb zehn Uhr acht bis zehn Rentner, Pensionisten oder sonst ein paar Grauhaarige oder Glatzköpfige. Unter fünfundsechzig ist keiner. Bier darf die Tante Mina in ihrem Laden nicht ausschenken, deshalb stellen die Männer ihre Bierflascherl unter die Bank. Auf dem Tisch aber stehen kleine runde Gläser mit einer gelblichen, süßen Flüssigkeit gefüllt. Das ist Met, zu dessen Ausschank die Tante Mina eine Konzession hat. Aus diesem Getränk haben die alten Germanen der Überlieferung nach ihre Kraft geschöpft, und deshalb sollen sie sich im Teutoburger Wald auch so tapfer geschlagen haben.

Nun, die alten Krauterer in Tante Minas Laden, die schlagen keine Schlachten mehr, wenn auch der Wegmacher Alois Wölfl immer behauptet, er habe im Vorjahr mit seinen achtundsechzig Jahren mit einer Sommerfrischlerin noch ein Kind fabriziert. Ein Wunschkind habe dieses herrliche Weib vor Torschluß ausgerechnet von ihm noch haben wollen. Ihr kennt sie vielleicht, dieses späte Mädchen. Beim Brandhuber habe sie das Balkonzimmer gemietet gehabt.

Niemand kennt diese Frau und niemand glaubt dem Alois. Aber man läßt ihn in seiner verträumten Seligkeit schwelgen.

Zu einem Gläschen Met kommt auch die Woche zweimal ein gewisser Herr Karl. Aber er setzt sich nie zum gewöhnlichen Volk in die Rentnerecke. Er trinkt seinen Met an der Theke. Nie sieht man ihn ohne Kragen und Krawatte, und immer trägt er einen Spazierstock oder bei schlechtem Wetter einen Schirm in der Armbeuge. Er hält sich für etwas Besseres, schließlich war er ja auch einmal etwas wie ein Kammerdiener auf einem Schloß.

Die Rentner mögen ihn nicht, weil er immer nur flüstert und die Tante Mina so notwendig anschaut. Manches konnten sie ja aufschnappen, zum Beispiel, als er einmal sagte: »Sie könnten die Gnade an meinem Herd sein.«

Dabei hat er gar keinen Herd, nur ein Ölöferl in seinem großen Zimmer. Nach einer Weile lüftet er seinen Hut und geht wieder.

»Habt ihr den schon einmal zahln sehn?« fragt der Bäcker Simon.

Nein, der Herr Karl bezahlt seinen Met nie. Er hilft der Tante Mina bei der Steuer und verlangt nichts dafür. Aber man kann der Tante Mina auch nichts nachsagen. Es fällt nur auf, daß sie mittwochs und samstags, wenn er kommt, immer eine weiße Spitzenbluse trägt und einen schwarzen Rock.

Die ersten grauen Fäden mischen sich erst in Tante Minas Haar, als schräg gegenüber an der Ecke Ludwig-Thoma- und Grillparzerstraße ein moderner Supermarkt eröffnet wird. So ein Einkaufscenter, wie sie jetzt in jedem größeren Ort errichtet werden. Und jemand hat die Frechheit gehabt, die kleinen Läden, die jetzt um ihre Existenz zu kämpfen haben, abwertend Tante-Emma-Läden zu nennen. So eine Gemeinheit. Hier hat es von jeher nur den Tante-Mina-Laden gegeben, und den wird es auch weiterhin geben.

Der neue Betonsilo nennt sich Triebach-Center, weil hinter ihm der Stadtbach vorbeifließt. Als er eröffnet wird, spielt auf der Straße heraußen eine Blechmusik, und die Leute strömen scharenweise hinein. Die Tante Mina steht eine Zeitlang hinter ihrer Ladentür, ein paar Tränen rinnen ihr über das mollige Gesichtl, dann kann sie es nicht mehr länger mitansehn. Die Frau des Postamtsleiters, diese Frau Ingerl, ist auch gerade hineingehuscht. Ob die es dort auch so machen kann wie bei ihr, daß sie mit zwei Fingern einen Rollmops aus der Büchse nimmt, hochhält und bei Licht betrachtet, um ihn dann wieder zurückzulegen. »Zu wenig Zwiebel«, hat sie gesagt, um dann an der Büchse mit den Bismarckheringen zu riechen und zu fragen: »Sind die noch frisch?« Zum Schluß hat sie dann doch noch ein paar Zigarren für ihren Mann mitgenommen, die billigsten, die Tante Mina führt, und die nicht einmal die Rentner in der Met-Ecke hinten rauchen wollen.

Nein, der braucht man nicht nachzuweinen. Die soll nur in den Supermarkt gehen, die überspannte Büchselmadam. Viel ärger ist es der Tante Mina schon, daß auch die Frau des Schreiners Hohenwart mit dem Kinderwagerl hinter der automatischen Türe verschwindet. Tante Mina nimmt das blaue Bücherl zur Hand und schaut nach, was dort unter Hohenwart noch aufgeschrieben steht. Zwölf Mark achtzig stehen noch aus. Ob die am Ersten kommt und ihre Schulden bezahlt?

Dann jedoch klingelt vielstimmig die Ladenglocke. Als erster erscheint der Waslervater, und nach ihm kommen gleich die andern. Tante Mina kann wieder ein bißchen lächeln. Die Getreuen sind da, die lassen ihre Tante Mina nicht im Stich. Auch Herr Karl erscheint an diesem Vormittag und merkt sogleich den Schatten der Traurigkeit in Tante Minas Augen. Sofort strengt er sein Gedächtnis an, damit ihm etwas Tröstendes einfällt. Er schreibt ja nicht umsonst kurze Artikel für die Kreiszeitung und erbauliche Geschichten und Gedichte für den Wendelstein-Kalender. Er reckt seinen langen Hals und schaut zum Supermarkt hinüber. Dann meint er mit samtweicher Stimme, daß dies alles nicht so schlimm sei. Jeder neue Besen kehre gut. Und man dürfe die Hoffnung nicht aufgeben, wenn auch Sturm das Haupt bedrohe. Es werde das Ladenglöcklein bei Tante Mina schon wieder fröhlich klingeln. Dann kommt er noch auf den lieben Gott zu sprechen, der gesagt haben soll, daß er für jedes Häslein ein Gräslein wachsen lasse. Schließlich lüftet er wieder seinen Hut und geht, so gerade, als habe er einen Stecken verschluckt.

An diesem Morgen wird natürlich von nichts anderem geredet als von dem neuen Supermarkt. Recht verächtlich wird darüber geredet. Gibt es vielleicht dort den süßen Met, den herrlichen Germanentrank. Gewiß, die Auswahl mag groß sein, aber alles gibt es nur abgepackt in Plastikfolie oder in Dosen. Gibt es dort vielleicht einen Wurstzipfel, wie ihn Tante Mina manchmal verschenkt? Nein, nichts dergleichen. Hoch lebe die Tante Mina.

In den nächsten Tagen ist es dann wie immer. Man redet wieder über die alltäglichen Dinge, über die großen und kleinen Begebenheiten im Städtchen, wo einer den andern seit vielen Jahren kennt, mit Ausnahme der Preußen, die dauernd zuziehen, weil es hier schöner ist und noch billiger.

»Die sind wie Kaninchen«, sagt der pensionierte Postbote Schramm. »So vermehren sie sich.« Dann nimmt er sein Bierflaschl unter der Bank hervor und trinkt.

»Für die haben sie ja den Supermarkt baut«, meint der frühere Bierfahrer vom Lamplbräu.

Dann herrscht langes Schweigen, bis dem Glasermeister Hangerl einfällt: »Ja, was sagt's jetzt da? Meine Alte hat gestern heimbracht, daß unser Doktor Wieland einen Herzinfarkt gehabt hat und im Krankenhaus liegt.«

Allgemeines Bedauern. Aber da sehe man es wieder. Der Doktor habe nicht geraucht und nicht getrunken und trotzdem . . .

»Ich wünsch' ihm alles Gute«, sagt der Wegmacher Xandl, »aber er sollt' mir einen Schnupftabak verschreiben, dann hat er gsagt, das ginge nicht auf Krankenschein.«

Die Tante Mina steht hinter der Theke und schmunzelt. Solche Gespräche sind ihr zur Genüge vertraut. Dazwischen geht sie schnell einmal in die Küche und rührt das Gulasch um.

»Es ist halt alles nimmer so wie früher«, jammert der Glasermeister. »Ein König ghöret halt wieder her. Der käm auch nicht teurer wie das Ministergschwerl.«

»Pst«, warnt der Hierangl. »Alles darfst in der Demokratie auch nicht sagen«, ergänzt der Schramm-Alisi.

»Früher hat man überhaupt nichts sagen dürfen, wie der ander noch da war.«

»Was für ein anderer?« will der Bierfahrer wissen.

»Der ganz andere halt. Frag nicht so dumm, du hättest ja damals am liebsten alle zwei Händ aufgehoben.«

Die Tante Mina schießt aus ihrer Küche.

»A Ruh muß sein. Politisiert wird in meinem Laden nicht.«

Sie verstummen augenblicklich. Und es wäre noch soviel zu sagen gewesen. Weniger über das Vergangene als über die Gegenwart und die Zukunft. Aber wenn Tante Mina ihre Stimme auf diese Weise erhebt, dann ist es besser, ihr nicht zu widersprechen. Es gibt ja auch sogleich ein anderes Thema, denn der Metzgerwirt Franz Xaver Tobler betritt den Laden. Das Metzgerkapperl hat er weit aus der Stirn geschoben, an seinem weißen Schurz prangen ein paar Blutflecken. Er muß direkt aus dem Schlachthaus kommen.

»Einen großen Klaren, Mina.«

Er schüttet den Zwetschgenschnaps in einem Zug hinunter und stellt das Glas unsanft auf die Theke zurück.

»Hast dich geärgert?« fragt der Waslervater mit seiner dünnen Fistelstimme. Na, endlich wird gefragt, nun kann der Gastwirt und Metzger seinem Ärger Luft machen.

»Stellt euch einmal vor, was mir heut passiert ist: Kommt die Dingsda, die Leipoldin in unsern Laden und legt ein Kilo Suppenfleisch auf die Theke, wickelt es aus dem Papier und sagt: ›Da schaun S' her, was das für ein schönes Fleisch ist. Das Kilo um achtzig Pfennig billiger wie bei Ihnen.‹ Zuerst hab' ich gemeint, ich müßt ihr das Fleisch ins Gesicht werfen. Aber die Resi, mein angetrautes Eheweib, hat mich zurückgehalten. Xaverl hat s' gsagt, beherrsch dich. Wie aber dann das Frauenzimmer, die Leipoldin, bei mir noch um dreißig Pfennig ein Hundsfressen verlangt hat, da hab' ich rot gesehn. Was, hab' ich gsagt, ein Hundsfressen? Ham Sie das im Supermarkt nicht gekriegt. Ja schaun S', daß nauskommen, hab' ich gsagt, Sie unverschämtes Frauenzimmer, Sie Heigeign, Sie gräusliche. Das hättet ihr sehen sollen, wie schnell die draußen war.«

»Recht hast ghabt, Xaver«, lobt ihn der Wegmacher. »Solche Leut muß man mit Verachtung strafen.«

»Jawohl, der hab' ich zeigt, wo der Bartl den Most holt. Geh, Mina, schenk mir noch einen ein. Soll nur weiterhin in ihren Supermarkt laufen. Als Geschäftsmann darf ich ja nicht alles sagen, was ich mir denk, aber das wißt ihr wahrscheinlich schon, daß neuerdings auch Känguruhfleisch angeboten wird. Das wird tonnenweis' in den Fleischfabriken verarbeitet und wird auch als Schnitzel und Suppenfleisch angeboten.«

»Känguruhfleisch«, schreit der Glasermeister entsetzt und springt von der Bank auf. »Aber die wachsen doch gar nicht bei uns?«

»Nein, in Australien. Ganze Schiffsladungen kommen von da rüber. Aber das kann ich euch versichern, bei mir kommt so ein Fleisch nicht in den Laden und wird auch nicht verwurstet. Ich kauf' meine Schweindl und überhaupt das ganze Vieh beim Bauern. So hat es mein Vater schon ghalten und mein Großvater auch. Und ich geh' davon nicht weg.«

»Recht hast, Xaver. Das nennt man noch Prinzip.«

Der Metzgerwirt nickt und bezahlt. »B'hüt dich, Mina, servus meine Herrn.«

Bei der Tür bleibt er noch mal stehen. »Da fällt mir grad noch ein, heut is ja Donnerstag. Da kommt ihr immer zum Dämmerschoppen. Für euch will meine Resi heut ein Kalbslüngerl mit Knödl herrichten.«

Während er hinausgeht, schüttelt er wieder mit dem Kopf. »Um dreißig Pfennig ein Hundsfressen hätt' sie mögen, die Schachtel, die gräusliche.«

Hernach gibt es über das Beuteltier aus Australien noch eine lange Diskussion, in deren Verlauf der Wegmacher versichert, daß ihn seine »Alte« mit so etwas nicht ausschmieren könne, weil er Rindfleisch und Känguruhfleisch schon zu unterscheiden wisse.

Dann sehen sie den Mesner Böslmeißl über die Straße gehn und in der Kirche verschwinden. Gleich wird jetzt die Mittagsglocke läuten, und die Met-Brüder haben es auf einmal recht eilig, zum Essen heimzukommen.

So laufen dann die Wochen dahin, runden sich zu Monaten, und ehe man sich umschaut, ist der Herbst ins Land gezogen. Tante Mina hat den Supermarkt überwunden und hält schon lange nicht mehr Ausschau, wer da hineingeht. Mit stiller Zufriedenheit und Genugtuung stellt sie fest, daß die alten Kunden wieder bei ihr einkaufen und ihre Meinung über das Einkaufscenter äußern. »Man hört kein Ladenglöcklein klingeln dort«, klagt die Rechtsanwaltsgattin Sedlbacher. »Kein Mensch sagt einem ein Grüß Gott, oder Auf Wiedersehn. Alles ist so unpersönlich, du bist nicht mehr als eine Nummer.«

Ja, eine nach der andern kommt wieder, und Tante Mina vergißt jene nicht, die ihr die Treue gehalten haben. Die vom Rentnereckerl hinten bekommen jeder zwei Glaserl Met spendiert, und der Herr Karl, ja, was soll sie mit dem anfangen? So ganz unberührt ist Tante Mina ja auch nicht geblieben von soviel Aufmerksamkeit und Hilfsbereitschaft. Sie weiß nur noch nicht, daß der Herr Karl gern allerlei mit sich anfangen ließe. Einen Steuerberater müßte sie ja auch bezahlen. Gestern war er außer der Zeit einmal schnell da, nur um ihr zu sagen, daß ihre große Angst unbegründet gewesen ist. Er habe es zwar nur flüchtig überschlagen, aber wenn das Geschäft so weitergehe wie in letzter Zeit, dann habe sie höchstens einen Umsatzverlust gegenüber dem Vorjahr um vierzehnhundert Mark. Und das sei gerade die Hälfte von dem, was er an Pension beziehe.

Der Tante Mina bleibt der Mund halb offen stehen.
»Was? Soviel haben Sie Pension.«
»Ja, ich habe auch immer gut einbezahlt und an mein Alter gedacht.«
»So alt sind Sie doch noch gar nicht, Herr Karl.«
»Genau sechsundsechzigeinhalb.«
»Aber sie sind noch so rüstig. Vielleicht macht es das aus, weil Sie nicht geheiratet haben und nie von einer Frau geärgert worden sind.«
»Frauen sind nicht auf der Welt, um geärgert, sondern um liebgehabt zu werden.« Herr Karl streicht sich mit zwei Fingern über die Oberlippe. »Sehn Sie, Fräulein Mina, Sie werden es noch nicht bemerkt haben, aber ich kann Ihnen versichern, daß Sie meinem Herzen sehr nahe stehen.«
»Ist's wahr, Herr Karl?«
»So wahr mir Gott helfe. Aber Sie dürfen, wenn ich Sie darum bitte, dieses Herr ruhig weglassen. Und wenn es nach mir ginge, auch das Sie.«
»Ja mein Gott, so einfach ist das nicht«, antwortet Tante Mina und wird rot vom Kinn bis zur Stirn hinauf. In ihrer Verlegenheit schiebt sie ein paar Sachen auf der Theke zurecht, die Bratheringsbüchse etwa oder den Schweizer Käs, der unter einer Glashaube vorm Trockenwerden geschützt wird. Dann hebt sie auf einmal den Kopf und sieht den Mann eine Weile wie verträumt an. Ihre Stirne ist von nachdenklichen Falten durchzogen.

»Na, an was denkt man denn jetzt wieder«, fragt der ehemalige Kammerdiener.

»Ja, wissen Sie, Herr Karl...«

»Wie heißt das?« fragte er und reckt seinen Hals über die Theke hinüber.

»Na also dann, Karl. Sie sind mir – du bist mir so aufrichtig und treu zur Seite gestanden in der schweren Zeit, und ich weiß nicht, wie ich mich erkenntlich zeigen kann.«

Herr Karl streckt seinen Hals noch weiter über die Theke hin bis zu ihrem Gesicht. »Noch was Einfacheres gibt es doch gar nicht.«

Er küßt sie auf die Stirne, und auf einmal liegt auch sein Mund auf dem ihren. Jetzt bräuchte die Mina bloß noch die Arme um seinen Hals legen. Aber soweit ist sie noch nicht. Es fällt ihr dafür was anderes ein. »Am nächsten Sonntag ist Kirchweih. Kommen Sie – kommst du, wenn ich dich zum Mittagessen einlade?«

»Ob ich komme. Ich könnte mir das nie verzeihen, wenn ich so was nicht annehmen würde.«

»Und? Hat man irgendein Lieblingsessen?«

»Von deiner Hand gekocht und zubereitet, esse ich auch Schuhnägel.«

Wie witzig doch der Herr Karl sein kann, wenn sie so allein sind. Da fällt alle steife Korrektheit von ihm ab, da ist er ein netter, lieber Mensch. Leider kommt in dem Augenblick eine Kundin und braucht eine Flasche Salatöl. Der Herr Karl geht, lüftet wie sonst seinen Hut, drückt hinter dem Rücken der Kundin zwei Finger an seine Lippen und wirft das angedeutete Küßchen der Tante Mina zu. »Bis dann«, sagt er und geht.

Tante Mina aber sperrt mittags schnell ihren Laden zu und läuft zum Metzgerwirt. Die Frau ist selber im Laden und fragt geflissentlich. »Was darf es denn sein, Tante Mina?«

»Ja, was krieg ich denn jetzt gleich! Zuerst noch im Vertrauen eine Frage, Frau Tobler. Der Herr Karl ißt doch mittags immer bei Ihnen. Was mag er denn besonders gern?«

Die Metzgersfrau kennt sich gleich aus und lächelt vertrauensvoll: »Wollen Sie ihn vielleicht zum Essen einladen?«

»Ja, übermorgen, am Kirchweihsonntag. Ich bin es ihm schuldig, weil er mir immer die Steuern macht.«

»Ja, ja, ich versteh' schon. Na wissen Sie, Tante Mina, heikel ist er eigentlich nicht.«

»Ich hab' schon an eine Gans gedacht. Aber ich bitt' Sie, an eine Gans, da essen wir zwei eine Woche lang hin. Wie ist er denn überhaupt? Kann er fett essen?«

»Eigentlich schon.«

»Ich möchte ihm natürlich ganz was Besonderes auftischen.«

»Wissen Sie was, Tante Mina? Machen Sie ihm doch einen Spanferkelbraten. Da hätt' ich ganz was Schönes da. Ein Kilo vielleicht. Da haben S' dann am Abend auch noch was, kalt, mit Pfeffer und Salz.«

»So lang, denk' ich, wird er nicht da sein.«

»O sagen S' das nicht. So ein Mannsbild, wenn's einmal hockt, dann hockt's. Besonders wenn es ihm gefällt. Und warum soll es ihm bei Ihnen nicht gefallen.«

»Also gut dann. Ein Kilo.«

»Wenn ich Ihnen noch einen Rat geben darf, Tante

Mina. Das Fleisch, Sie müssen es während des Bratens auf der Rückseite mit dunklem Bier leicht bestreichen. Das gibt dann eine Kruste, daß es kracht.«

»Ich werde mir das merken. Vielen Dank für den Rat und auf Wiedersehn.« Die Metzgersfrau rennt sofort hinüber, wo ihr Mann im Jagerstüberl sein Mittagsschläfchen hält. »Du, Xaver, hat denn die Tante Mina mit dem Herrn Karl was?«

»Mir ist nichts bekannt.«

»Weil's grad beim Einkaufen da war und gsagt hat, daß sie den Herrn Karl am Kirchweihsonntag zum Mittagessen eingeladen hat.«

»So, so? Na ja, vergönnen tät ich's ihr, wenn sich da was tät. Hat lang genug fasten müssen, die Tante Mina.«

Der Herr Karl kommt am Sonntag vormittag kurz nach elf Uhr. Er bringt Nelken mit, neun Stück, überreicht sie und tut überhaupt so, als wären sie längst handeleins. Er küßt sie mit Hingabe, so, als käme er von einer langen Reise zurück und fragt, ob sie sich das vorstellen könne, daß er in der vergangenen Nacht von ihr geträumt habe.«

»Ist's wahr? Ja, was denn, Karl?«

»Sehr intensiv sogar.«

»Das ist aber nett. Komm, zieh deine Jacke aus und tu grad so, als ob du hier daheim wärst. – Nein, die schönen Blumen.«

Von den Blumen ist noch eine Weile die Rede, das heißt, der Herr Karl bringt durch die Blume alles an, was ihn bedrängt und was das Herz der Tante Mina erwärmen solle. Dann lobt er ihr Essen und vergleicht es mit der Kochkunst des Küchenmeisters vom Hotel Regina in München.

Und die Tante Mina ist so dankbar und empfänglich für jedes Wort. Es ist schon wahr, sie ist in ihrem Leben immer zu kurz gekommen. Immer nur Arbeit, und immer ist sie nur für andere dagewesen. Jetzt wird auch sie einmal von etwas angerührt, das wie ein spätes Glück aussieht. Woher käm' denn sonst dieses schnelle Herzklopfen, dieses Prickeln bis unter die Haarwurzeln hinein. Es ist wie das Wehen und Rauschen eines Blätterwaldes im Oktoberwind.

Als sie mit dem Essen fertig sind, sagt der Herr Karl, weil es ihm doch gesagt worden ist, er solle sich hier wie daheim fühlen, daß ihm halt jetzt sein Mittagsschläfchen abginge.

Tante Mina scheint über etwas nachzudenken, weil die Faltenstriche wieder auf ihrer Stirne sind. Dann jedoch lächelt sie und deutet auf das Sofa in der Ecke hin. »Magst du dich nicht dort ein bißchen hinlegen?«

»Ja, danke.« Herr Karl schlüpft aus seinen Schuhen, streckt sich lang und verschlingt die Hände hinter dem Nacken. Tante Mina breitet eine Wolldecke über ihn und beginnt dann das Geschirr abzuspülen. Dazwischen schaut sie immer zu ihm hin, ganz verklärt und zärtlich, wie von einem Wunder gestreift. Ihr Herz schlägt immer schneller, weil dieser Herr Karl auf ihrem Sofa schlummert, oder auch nicht schlummert, denn er bewegt die Hand und macht seinen Zeigefinger krumm.

»Komm her zu mir«, flüstert er. »Allein ist es im Himmel nicht schön.«

Abwägend schaut sie zu ihm hin, wiegt den Kopf hin und her. »Grad noch drei Teller hätt' ich zum Abspülen.«

Aber die Hand hört nicht auf, zu winken und zu locken, bis Tante Mina zum Nachgeben gezwungen ist.

»Na ja, Karli, wenn du unbedingt meinst.«

Sie bindet ihre Schürze ab und schlüpft nach kurzem Überlegen auch aus dem Kleid, denn es ist ein sehr teures Kleid und soll nicht verknittert werden. Dann zieht sie die dicken Vorhänge am Küchenfenster zu. Es ist fast finster jetzt, und Herr Karl strengt seine Augen umsonst an. Doch dann hört er ihre Stimme ganz nah an seinem Gesicht.

»Jetzt mußt halt ein bisserl rutschen, Karli, daß ich auch Platz hab'. – Nein, was tu ich denn da? Ich schenier mich doch so in unserm Alter.«

Daraufhin besinnt sich Herr Karl auf einen seiner blumigen Sprüche: »Die wahre Liebe ist doch keine Frage des Alters.«

»Da hast du eigentlich recht, Karli. Ich weiß nicht, du kannst einen schon so begeistern auch.«

»Ohne Begeisterung schlafen die besten Kräfte unseres Gemütes ein, geliebte Mina. In uns allen ist doch ein Zünder, der auf den Funken wartet.«

»Das hast aber schön gesagt, Karli. Soll ich dir auch was Schönes sagen?«

»Ich bitte darum.«

»Angefangen hat es bei mir an dem Tag, als man den Supermarkt eröffnet hat. Da hast du mir soviel Mut zugesprochen und hast mich getröstet, daß ich mir gedacht hab', in dem seinem Herzen, da möcht ich daheim sein.«

»Das hab' ich gefühlt, liebe Mina. Tief in meinem Herzen hat es zu glühen angefangen.«

»Hoffentlich erlischt das nie.«

»Nur keine Angst. In dem Alter ist man ja froh und glücklich, wenn noch etwas glüht. Laß mich daheim sein bei dir.«

»Ja, Karli.«

»Dann sollten wir eigentlich nicht mehr zu lange warten mit einer Hochzeit.«

»Am liebsten vor Weihnachten noch, Karlimann.«

Und so macht sich also der Herr Karli ein paar Tage später bereits auf den Weg ins Pfarrhaus und bestellt so etwas wie ein Aufgebot. Im Rathaus hat er das bereits hinter sich und hat es mit vornehm zurückgelegtem Kopf übersehen, wie der Sekretär dort geblinzelt hat, als er sein Alter angegeben hat: »So, so, die Tante Mina. Unsere Tante Mina. Aber ist denn da der Altersunterschied nicht ein bisserl gar groß?«

»Das geht Sie gar nichts an«, hat der Herr Karl geantwortet.

Beim Herrn Pfarrer ist es viel einfacher. Der bittet ihn, Platz zu nehmen, und hört ihn geduldig lächelnd an, als er sagt, daß er die Geschäftsinhaberin Mina Kamerloher zu ehelichen gedenke.

»Na, das ist aber schön«, sagt der Pfarrer. »Unsere Tante Mina. Sie, da kriegen Sie aber eine ganz tüchtige Frau.«

»Ich bin mir dessen bewußt, Herr Pfarrer. Und ich liebe sie von Herzen. Auf einmal hat etwas in mir zu glühen angefangen.« Er legt seine Glut nicht so ganz offen hin und sagt lieber, daß etwas zu glühen in ihm begonnen habe. Er wisse zwar nicht, ob das der Herr Pfarrer verstehen könne.

»O ja, warum denn nicht. Es ist doch etwas

Schönes, wenn man im Alter noch ein Blütenwunder erleben darf. Und es ist mir auch nicht bekannt, daß der liebe Gott eine Altersgrenze für die Liebe gesetzt hat.«

»Tausend Dank, Herr Pfarrer«, sagt Herr Karl und macht eine so formvollendete Verbeugung, wie er dies als Kammerdiener ja gelernt hat. Ja und nun möge er hingehen, und der Segen des Herrn sei bei ihm.

Mit diesem Segen des Herrn Pfarrer geht Herr Karl direkt in Minas Laden, der ja nun bald auch sein Laden sein wird. Das Ladenglöcklein bimmelt heute besonders harmonisch und so lieblich, als käme der Weihnachtsmann durch die Türe.

Die große Narrenzeit

Es war zu jener Zeit, lange vor dem Ersten Weltkrieg, als ein Dienstmädchen seine Herrschaft noch fragen mußte, wenn es einmal ausgehen wollte. Und das bei einer Arbeitszeit von über siebzig Stunden wöchentlich, sonntags wie werktags.

Auch Anna mußte fragen, als sie endlich einmal an einem Sonntagnachmittag ausgehen wollte. Anna war Mädchen für alles im Hause Schröttl, wo man ein Zigarrengeschäft betrieb. Wenn das Ehepaar Ferdinand und Amalie Schröttl seinen Mittagsschlaf hielt, dann durfte Anna in dieser Zeit auch im Laden stehen, und so oft eine der vielen Mietsparteien im Haus einmal mit der Miete in Rückstand geriet, dann war es ebenfalls Anna, die gehen und ernstlich mahnen mußte. Ausgerechnet diese zierliche Anna mit dem schmalen, etwas blassen Gesicht, den großen braunen Augen und dem dunklen Blondhaar über der hohen Stirne.

Daß sie in den beiden Mittagsstunden von zwölf bis zwei Uhr in den Laden gehen durfte, das, so sagte man ihr, habe sie als einen großen Vertrauensbeweis aufzufassen. Nicht jeder würde man die Kasse anvertrauen. Sie sei die erste, der man soviel Ehrlichkeit zutraue.

Anna hätte niemals auch nur einen Pfennig unterschlagen, lieber hätte sie eine Unaufmerksamkeit aus ihrer eigenen Tasche bereinigt. Anna war aber auch jung und, wie gesagt, recht hübsch. Sie stammte aus dem tiefsten Bayrischen Wald, dort wo er recht finster und düster ist. Einundzwanzig Jahre war sie jetzt alt, das siebte von acht Kindern, und ihr Vater war Köhler gewesen. Vielleicht hatte ihre Herrschaft gemeint, über ein Kind aus dieser rauhen Gegend käme nie das Erwachen des Herzens, nie das Verlangen nach ein bißchen Zärtlichkeit, und die Düsternis des Waldes müßte auf ewig die Regungen der Seele ersticken. Anna aber hat inzwischen Stadtluft geschnuppert und las nachts in ihrem Dachkämmerlein bei Kerzenlicht die Bücher der gerade in Mode gekommenen Hedwig Courths-Mahler. Dort droben ließ sie ihre tiefen Seufzer los und weinte auch die Kissen naß, wenn der Herr Graf das arme Dienstmädchen gerade hatte sitzenlassen, weil es ihm den ungeschriebenen Gesetzen seines adeligen Standes entsprechend nicht mehr bedeuten durfte als eine kleine Liebelei.

Um diese Zeit kam die Woche zweimal das Lieferfuhrwerk eines Speditionsunternehmens vorgefahren. Ein junger Mann trug dann Pakete oder Kisten mit Waren in den Laden. Wenn es mehr als zwei Pakete waren, dann schenkte ihm Herr Schröttl einen Schweizer Stumpen. Den steckte sich der junge Mann dann hinters Ohr und sagte artig »Danke schön«. Einmal geruhte Herr Schröttl gar zu fragen, wie er denn heiße.

»Mathias«, antwortete der junge Mann mit den hellen Augen und dem immer freundlich lächelnden Mund.

Bald hatte Mathias herausgefunden, daß um die Mittagszeit das Fräulein Anna immer allein im Laden war. Er konnte es sich schon so einrichten, daß er den massigen Grauschimmel um diese Zeit vor den Laden lenkte.

»Nein, ich bringe heute nichts«, sagte er. »Ich bin nur gekommen, um Sie zu sehen, Fräulein Anna.«

»Ach«, meinte Anna errötend, »wirklich nur deshalb.«

»Das ist sehr wichtig für mich, denn wann sollte ich Ihnen sonst sagen können, daß Sie mir ungemein sympathisch sind.«

»Ist das auch wahr?«

Er legte drei Finger auf seine Herzgegend. »Ich schwöre es Ihnen. Ich denke soviel an Sie und – ich träume sogar von Ihnen.« Daraufhin nahm er ihre Hand und streichelte sie, und merkwürdigerweise, Anna entzog sie ihm nicht, sagte vielmehr ganz ehrlich: »Sie sind mir schon auch recht sympathisch, Mathias.«

Draußen scharrte der Grauschimmel ungeduldig auf dem Pflaster.

»Ja, ja, laß dir nur Zeit«, sagte Mathias. »Ich muß doch zuerst das Fräulein Anna noch fragen, ob es nicht einmal mit mir ausgehen möchte.«

»Möchten schon, ja – gerne, aber meine Herrschaft wird damit kaum einverstanden sein.«

»Das geht doch Ihre Herrschaft nichts an.«

»Haben Sie eine Ahnung.«

»Das verstehe ich nicht. Aber mit Verlaub gesagt, Sie könnten doch nachts einmal herauskommen, damit wir ungestört miteinander plaudern können, ein bißchen spazierengehen, in ein Lokal vielleicht oder so.«

»Das sagen Sie so leichthin. Ich habe keinen Hausschlüssel.«

»Aber das gibt's doch gar nicht. Da wären Sie ja wie eine Gefangene in diesem Haus.«

»Bisher habe ich das nicht so empfunden, aber weil Sie es jetzt sagen, denke ich, daß es schon so ist.«

Immer öfter redeten sie so miteinander über die Ladentheke hinweg, immer vertrauter wurden sie einander. Einmal brachte er ihr ein paar Blümchen mit, sie schenkte ihm dafür einen Schweizer Stumpen, legte aber das Geld dafür in die Kasse.

Dieser Mathias war ein ungemein guter Mensch. Das hatte Anna längst erkannt, und sie erschrak fast ein bißchen, als er eines Tages mit sehr energischer Stimme sagte: »So, jetzt wird es mir aber schön langsam zu dumm. Ich bin ja schließlich kein hergelaufener Handwerksbursche. Am Sonntagnachmittag warte ich um halb zwei Uhr da vorne am Rotkreuzplatz auf Sie. Und Sie werden kommen?«

»Ja, ich weiß nicht, Mathias. Meine Herrschaft, was wird die sagen?«

»Wenn Sie nicht kommen, Anna, dann werde ich hinaufgehen und denen einmal richtig die Meinung sagen.«

»Nein, das bitte nicht. Ich werde es ganz sicher versuchen. Sie dürfen nicht glauben, daß ich nicht auch gerne einmal länger mit Ihnen beisammensein möchte.«

»Also gut. Um halb zwei Uhr. Ich verlasse mich auf Sie.«

Drei Tage brauchte Anna dann, ehe sie den Mut gefunden hatte, um am Sonntagmittag beim Essen zu sagen: »Ich tät halt die Herrschaft recht schön bitten, ob ich am Nachmittag nicht ein bißchen ausgehen dürfte.«

Herr Schröttl hob erstaunt den Kopf, Frau Amalie

legte den Löffel weg und betrachtete das Mädchen mit großen Augen.

»Was sagst du da? Ausgehen? Ja sag einmal, wie kommst du denn auf so eine verrückte Idee? Du weißt doch, daß ein großer Korb mit Wäsche zum Bügeln auf dich wartet.«

»Ja, ich weiß. Aber ich würde das dann am Abend tun, würde bis in die Nacht hinein bügeln. Bloß ein paar Stunden, bittschön. Ich brauche frische Luft.«

Herr Schröttl legte nun auch seinen Löffel weg, weil er mit der Suppe fertig war.

»Hast du Luft gesagt oder Lust?«

»Luft, gnädiger Herr.«

»Wir haben Luft genug im Haus. Es ist noch niemand erstickt da herinnen. Also gut, du willst ausgehen. Mit wem? Wie heißt er?«

»Mathias.«

»Und wie noch?«

»Das weiß ich noch nicht, gnädiger Herr.«

»Man geht doch nicht mit einem Mann aus, von dem man nicht weiß, wie er heißt«, tadelte die Frau. »Was ist er denn von Beruf?«

»Er ist bei der Laderinnung. Er bringt immer die Pakete zu uns.«

»Ach der, dieser Mathias da?«

»Ja, der ist es«, gestand Anna in ihrer Treuherzigkeit.

»Aber Anna, das ist doch kein Umgang für dich«, warnte Frau Schröttl, hob den Zeigefinger und versuchte ein Lächeln. »Ich möchte fast glauben, Anna, du hast leichtes Blut.«

»Nein, Frau Chefin, eher schon schweres Waldlerblut«, antwortete Anna und lächelte auch ein bißchen hoffnungsfroh. Gebrüllt haben die beiden bis jetzt noch nicht. Sie trug jetzt den Braten auf, Knödel und Salate. Herr Schröttl setzte das lange Messer an, schnitt eine Scheibe vom Braten und legte es zuerst Anna auf den Teller. Die Fleischscheibe war nicht gerade zu dick, aber für das Mädchen reichte es schon. Dienstmädchen werden nur übermütig, wenn sie zu viel Fleisch kriegen. Und während er dann für die Frau und sich das Fleisch herunterschneidet – entsprechend dickere Scheiben, versteht sich – redet er ununterbrochen.

»Ich will dir einmal was sagen, Anna. Der Bursche, dieser Mathias, der hat immer die Mütze so verwegen schief auf dem Kopf, oder er schiebt sie ins Genick. Das drängt mir beinahe den Verdacht auf, daß er gar ein Sozi ist.«

»Nein, der Mathias ist katholisch, das weiß ich.«

Die Schröttls sind evangelisch, und die Frau Amalie schaut die Anna jetzt durchdringend an. »Mit einem Protestanten gingst du vielleicht auch gar nicht aus?«

»Warum nicht?« fragte Anna naiv. »Die Protestanten glauben doch auch an den gleichen Gott.«

Dann war eine Weile Schweigen, bis Herr Schröttl sich überwunden hatte. »Also gut. Angenommen, wir genehmigen ihr den freien Nachmittag, wer soll uns dann um drei Uhr den Kaffee servieren?«

»Notfalls könnte ich das ausnahmsweise einmal auf mich nehmen, Ferdinand. Es darf jedoch keine Gewohnheit daraus werden.«

»Da siehst du, deine Herrin opfert sich für dich.« Herr Schröttl zog seine Taschenuhr. »Spätestens um sechs Uhr bist du wieder da, zum Abendbrotherrichten.«

»Und hernach gleich bügeln«, erinnerte die Frau.
»Und bevor du gehst, läßt du dich bei uns noch sehn. Vorher spülst du natürlich noch ab.«

Dem armen Ding bleibt nichts anderes übrig, als nochmals ins Wohnzimmer zu treten, ehe sie das Haus verläßt. Immerhin kann sie sich sehen lassen. Sie trägt eine weiße Bluse mit Spitzen am Hals, einen dunklen, engen Rock, der weit über die Knie hinunterreicht, und über dem Blondhaar ein schmalkrempiges Strohhütchen mit blauen Kornblumen aus Seidenstoff.

»Die zwei Knöpfe oben am Hals deiner Bluse darfst du ruhig auch noch schließen«, nörgelte Frau Amalie, und Herr Schröttl mußte natürlich auch noch seinen Kommentar dazugeben.

»Ich sag' nicht mehr und nicht weniger als: gib auf dich acht. Deine Unschuld kann schneller beim Teufel sein, als du denkst.«

Dann durfte Anna endlich gehen. Sie schlenkerte ihr Handtäschchen und trippelte schnell dahin. Der Rock war nach der damaligen Mode so eng, daß sie nicht die gewohnten weiten Schritte eines Waldkindes setzen konnte.

Sie hatte freilich auch nicht weit zu gehen. Vorne am Rotkreuzplatz trat Mathias hinter einem Gebüsch hervor. Anna verhielt erschrocken den Schritt und legte die Hand vor den Mund, um einen Schrei des Erstaunens zu unterdrücken. Zum erstenmal sah sie diesen Mathias im Sonntagsstaat. Ein feiner Herr, in einem dunkelblauen Nadelstreifenanzug, hellgrauen Gamaschen über den Schuhen und einem komischen

Hut auf dem Kopf, so eine Art Halbzylinder. Stops nannte man das, eine schwarze Halbkugel über den Haaren. »Bowler« nannten die Engländer diese Hüte. In der Armbeuge hatte er einen Spazierstock hängen mit einem Griff, der wie von Silber glänzte.

Recht viel anders erging es freilich auch ihm nicht, als er das Fräulein Anna erblickte. Seine Anna, wie er sie bei sich nannte, die er seit längerer Zeit in seinem Herzen trug. Nur das Du fehlte noch und der Kuß. Aber das wird man ja heute endlich hinter sich bringen können. Mathias war jedenfalls voller Entschlossenheit und Wagemut. Nicht umsonst las er dauernd die Bücher eines gewissen Karl May.

»Oh«, staunte er und reichte dem Mädchen die Hand. »Da bin ich ja direkt perplex.«

»Aber warum denn?«

»Weil Sie so schön sind.«

»Aber gehn S'.«

»Aber es ist wirklich wahr. Ich mache keine Sprüche und bin wirklich ganz perplex.«

Nein, das tat er nicht, er benahm sich sehr korrekt. Schließlich war er ja kein Großstadtstrizi. Er wußte, was er einer Dame schuldig war, und bot ihr galant den Arm.

»Wohin jetzt?« fragte er.

Anna zuckte die Achseln und wollte schon sagen: Wo du hingehst, da gehe auch ich hin. Aber das kam ihr dann doch ein bißchen zu kitschig vor. »Mir ist es eigentlich egal«, sagte sie dann.

»Wald ist ja leider keiner in der Nähe.«

»Ich will auch gar nicht in den Wald. Im Wald bin ich aufgewachsen.«

Mathias lächelte. So hatte er es gerade nicht gemeint. Aber seine Entschlossenheit verließ ihn nicht.

»Es ist nur«, sagte er, »weil wir uns hier, wo dauernd Leute gehn, nicht küssen können.«

Anna sagte nichts. Sie hatte Mühe, sich seinem Schritt anzupassen. Dann schlug er vor: »Wir könnten auch in den Hirschgarten gehn. Kennst du das Gasthaus dort? Man bekommt Rettich mit Butterbrot und frischem Bier.«

»Ja, aber – sind denn dort nicht auch viele Leute.«

Na also, dachte er, sie hat mich doch begriffen. Und als sie dann am Nymphenburger Kanal entlanggingen und ein Gebüsch ein wenig abseits vom Wege stand, da lenkte Mathias seine Schritte dorthin und nahm die Anna fest in seine Arme. Nach dem Küssen sagte er trocken: »Gott sei Dank, das hätten wir jetzt hinter uns.«

»Frech bist du eigentlich schon«, antwortete Anna, aber es muß ihr doch gefallen haben, weil jetzt sie ihre Arme um seinen Hals legte. »Ach, Mathias«, seufzte sie. »Ich komm' mir vor wie ein Vögerl, dem man das Käfigtürl geöffnet hat.«

»Ja, und das Türl, das werden wir jetzt nie mehr zumachen.«

»Ja, wenn es nur sein könnte.«

»Es wird schon alles werden«, sagte er. »Als allererstes mußt du schaun, daß du einen Hausschlüssel erwischt. Den laß ich dann nachmachen, und wenn die andern schlafen, dann kannst du raus und rein, wie du willst. Oder ich behalt dann den nachgemachten Schlüssel für mich.«

Zuerst antwortete Anna nichts. Ihre Stirne war in strenge Falten des Nachdenkens gerunzelt. Immerhin schmiegte sie sich jetzt im Weitergehen fester an ihn. Doch dann gab sie sich einen Ruck und sagte klar ihre Meinung: »Weißt du, Mathias, ich merk' schon, wo du 'naus willst. Aber da müssen wir uns erst noch viel besser kennenlernen. Du könntest es sonst vielleicht genauso machen, wie der Herr Graf Felix mit der Mathilde.«

»Wer soll denn das sein?«

»Das hab' ich in einem Büchl von der Courths-Mahler gelesen. Die hat ihm auch zuerst den Hausschlüssel gegeben, dann hat er sie sitzenlassen.«

»Erstens bin ich kein Graf, und zweitens laß ich niemand sitzen, am wenigsten einen Menschen, den ich gern hab'.«

Es war dann von keinem Schlüssel mehr die Rede. Sie saßen im schattigen Biergarten, eine Maß Bier vor sich. Mathias schnitt einen Rettich in hauchdünne Blättchen, und Anna streute dann Salz dazwischen. Dazu aßen sie Schwarzbrot mit Butter. Das taten übrigens viele Leute ringsum. In den alten Bäumen zwitscherten die Vögel, und zahme Hirsche schritten majestätisch durch die Tischreihen. Anna kam sich vor wie im Märchen. Unter dem Tisch hielten sie sich dann an den Händen und sagten sich in einfachen Worten, was sich zwei Menschen zu sagen haben, die in ihren Herzen die Gewißheit spüren, daß sie über diesen Nachmittag hinaus einander angehören wollen. Keine großen, schwulstigen Liebeserklärungen. Und wenn Mathias mit den einfachen und klaren Worten: »Ach, Annerl, ich mag dich so gern«, sein Herz offenbarte, so legte Anna ihm ihr Innerstes bloß, indem sie antwortete: »Mir geht es doch genauso, Mathias.«

Ringsum war Hochbetrieb im Wirtshausgarten. Die Kellnerinnen rannten durch die Tischreihen, es war noch ihre hohe Zeit, der Herbst nahte schon ein wenig, und wer weiß, wie lange man noch im Freien sitzen konnte. Manchmal fiel eine der reifen Kastanien aus dem Laub und klatschte mit hellem Ton auf die hölzernen Tischplatten. Einmal fiel eine von den braunen Kugeln direkt in ihren Maßkrug. Doch Anna hatte eine schmale Hand und konnte sie herausholen. Sie lachten und waren voller Seligkeit. Anna sah ihm zu, wie er die Kastanie mit seinem Taschentuch abputzte und sie dann in seinen Hosensack steckte.

»Hebst du dir die auf als Erinnerung an den heutigen Tag?« fragte sie.

»Auch das«, meinte Mathias. »Aber wenn man so eine Kastanie stets in seiner Hosentasche trägt, dann hilft das gegen Rheumatismus.«

»Das hab' ich auch noch nie gehört. Aber schau doch bitte auf deine Uhr. Ich darf mich nicht verspäten, sonst ist der Teufel los.«

»Ja, aber das muß anders werden«, sagte Mathias entschlossen. Mindestens jeden zweiten Sonntagnachmittag müssen sie dir freigeben.«

Der Abschied war dann doch recht schwer. Im Hausgang umarmten und küßten sie sich noch recht ausgiebig, dann rannte Anna die Treppe hinauf. Frau Amalie musterte sie mit scharfen Blicken, Herr Schröttl zog seine Taschenuhr und nickte: »Wenigstens bist du pünktlich.«

Was die beiden an diesem Nachmittag sonst noch für Beschlüsse gefaßt hatten, erfuhr Anna schon am nächsten Tag. Das Zigarrenhaus Schröttl ließ sich seine Pakete und Kisten nicht mehr durch die Laderinnung zustellen, sondern durch die Post. Außerdem brauchte Anna in der Mittagszeit nicht mehr in den Laden zu gehen, weil Herr Schröttl ein Schild an die Ladentür hing mit der Bekanntgabe, daß von 12–2 Uhr geschlossen sei.

Dadurch erreichten sie aber nur, daß in der fügsamen, geduldigen Anna etwas erwachte, das bisher tief in ihr geschlummert hatte. Der Wald, aus dem sie kam, war sozusagen ins Rauschen gekommen. Sie war nicht aufsässig, launisch, oder gar weniger fleißig. Sie bestand nur ganz energisch darauf, daß sie jeden zweiten Sonntag freihaben müsse, und zwar nicht nur bis halb sechs. Sie habe sich erkundigt, und das stehe ihr zu.

»Sie wird doch nicht bei dieser Gewerkschaft, oder wie sich diese Gesellschaft nennt, gewesen sein?« fragte Frau Amalie ängstlich ihren Mann.

Der wiegte nachdenklich den Kopf hin und her. »Das traue ich ihr nicht zu. Ich glaube eher, daß dieser Mathias sie aufgehetzt hat. Du wirst gut daran tun, Amalie, wenn du dich bald nach einer anderen umschaust.«

»Eine Bessere krieg ich nicht mehr«, seufzte die Frau. »Wir müssen halt wohl oder übel ein Auge zudrücken, denn ihre Arbeit verrichtet sie nach wie vor zur besten Zufriedenheit. Und sie selber ist auch zufrieden, wie ich feststelle. Sie singt jetzt oft so vor sich hin.«

»So? Sie singt? Das tun sie meistens, wenn sie ihre Unschuld losgebracht haben.«

»Wieso weißt du das? Ich habe nicht gesungen.«

Nun, recht viel konnten die beiden Verliebten jetzt sowieso nicht mehr anfangen, denn auf einmal war der Winter da. Ein strenger Winter sogar. Anna mußte vor dem Haus den Schnee wegschaufeln und Asche streun. Sie tat es gern, die frische Luft tat ihr gut. Sie bekam rote Backen und blühte richtig auf in dieser Zeit.

Mathias hatte inzwischen bei der Laderinnung gekündigt und sich auf Annas Anraten bei der Eisenbahn beworben. Zunächst fing er dort als Weichenwärter an mit der Aussicht, es später einmal zum Schaffner zu bringen.

So kam die Faschingszeit heran. Mathias wollte seine Anna zum großen Eisenbahnerball ausführen, maskiert natürlich, damit einer den andern nicht sofort erkennen sollte. Es ist dies ja schon von jeher eine Zeit, in der die Menschen in Rollen schlüpfen, die ihnen im wirklichen Leben verwehrt sind. Und das Merkwürdige daran ist, daß die Reichen sich in Lumpenkleider hüllen, daß die Damen als Dienstmädchen oder Köchin auftreten, die Herren als Lumpensammler oder Scherenschleifer. Die Armen dagegen wollen gerne emporsteigen zur glitzernden Welt der feinen Gesellschaft, und so spielen sie für eine Nacht Gräfin oder Baron.

Darum saß Anna in jenen Wochen, in denen die Tage wieder länger werden, nachts in ihrem kalten Dachstüberl und nähte an dem langen weißen Nachthemd herum, das sie von ihrer Herrin zu Weihnachten geschenkt bekommen hatte. Goldene Bänder umsäumten es unten, silberne das Oberteil. Zuletzt stichelte sie noch an einem goldenen Krönlein herum, das sie über dem Blondhaar tragen würde, denn sie wollte eine Gräfin sein. Mathias aber trug seine Uhr und die goldene Tapferkeitsmedaille seines Vaters aus dem Siebzigerkrieg ins Pfandleihhaus und holte sich dafür in einem Kostümverleih die Uniform eines Pandurenobersten, mit viel Schnüren über der Brust, weißer Hose, Lackstiefeln mit Sporen und einem Säbel an der Seite.

Sie gingen getrennt in einen der Mathäsersäle, mit einer Larve vor den Augen. Aber merkwürdig, der Herr Oberst steuerte gleich beim ersten Tanz auf die junge Gräfin zu, knallte die Hacken zusammen und legte die Hand an seinen Tschako. »Gestatten, Frau Gräfin.«

Die Frau Gräfin gestattete und legte mit vollendeter Grazie ihre Hand auf seinen Arm. Mathias dachte eine Weile, daß die Frau Gräfin ihn nicht erkannt habe. Aber da fragte ihn diese während des ersten Walzers schon: »Diese Uniform, Herr Oberst, Hauptmann oder Leutnant, oder was Sie sonst darstellen wollen, sie ist wohl sehr teuer gewesen, Herr Mathias?«

»Wieso erkennst du mich sofort?« fragte er verblüfft.

»An deinem Gang, an deiner Haltung. Es geht keiner so straff aufgerichtet wie du. Wieso aber hast du mich gleich erkannt?«

»An der Bewegung deiner Arme, an der Haltung deines Kopfes.«

»Ach, Mathias, es ist so herrlich. Laß uns doch weiter für diese eine Nacht Pandur und Gräfin sein.«

»Wie Frau Gräfin befiehlt.« Und bei jedem neuen Tanz schlug Mathias die Hacken zusammen und verbeugte sich. In der rechten Hand hielt er ein Taschentuch, um das kostbare Kleid der Gräfin zwischen den Schulterblättern nicht schmutzig zu machen. Eigentlich waren sie ein schönes Paar. Anna hatte ihr Haar gelöst, und es fiel ihr beim Glanz der vielen Lichter wie ein goldenes Cape weit über die Schultern. Man blickte ihnen nach, und als dann einmal ein zerlumpter Handwerksbursche vor Anna hintrat und fragte, ob es gestattet sei, da schnauzte der Herr Oberst mit schnarrender Stimme: »Was fällt Ihnen ein? Frau Gräfin tanzt nicht mit jedem Individuum.«

Bei der Demaskierung stellte sich dann heraus, daß der Handwerksbursche ein ganz hoher Bahnbeamter war. Aber man nahm nichts übel, man lachte und warf sich Papierschlangen ins Gesicht. Anna tanzte dann doch noch mit dem hohen Herrn, und es schmeichelte ihr ganz ungemein, als dieser meinte, daß sie ein ganz reizendes Persönchen sei und mit einer wirklichen Gräfin viel Gemeinsames habe.

»Danke gütigst«, sagte Anna und wischte ein paar Konfetti von seinem Ärmel.

Der Herr Oberst fragte dann in der Pause, noch ganz Kavalier, ob er die Frau Gräfin jetzt zu einem Diner einladen dürfe.

»Jawohl, Herr Oberst, Sie dürfen. I hob nämli jetzt an narrischen Hunger.«

So gingen sie in den Weißwurstkeller hinunter. Der Herr Oberst bestellte je drei Weißwürste und eine Maß Bier. Zugleich aber legte er seine Offizierswürde ab und war wieder ganz der Mathias, der seine Weißwürste nicht mit Messer und Gabel aß, sondern nach altem Brauch auszuzelte.

Anna aß zwar noch mit Messer und Gabel, aber dann legte auch sie ihre Würde ab und seufzte: »Diese Nacht werde ich nie vergessen. Ich mag gar nicht daran denken, daß morgen wieder grauer Alltag sein wird. Und Waschtag noch dazu. Da muß ich um fünf Uhr schon aufstehn und im Keller den Kessel heizen. Schau bitte auf die Uhr, Mathias.«

»Die hab' ich versetzt, sonst hätte ich nicht Pandur sein können.«

Eng aneinandergeschmiegt gingen sie dann heim. Es schneite in dicken Flocken, und Mathias hielt seinen Tschako über Annas Haar. Ihm selber machte der Schnee nichts aus. Aber er wurde auf einmal recht wortkarg, fast ein wenig traurig, bis sie dann wieder im Hausflur standen. Dort legte Mathias sein Gesicht in Annas Haar, stieß mit der Nase an ihren Hals, ließ sich von ihr über die Wangen streicheln und vernahm ihre flüsternde Stimme an seinem Ohr.

»Bist jetzt traurig, Mathias?«

»Ja, Annerl.«

»A geh', es war doch so eine schöne, närrische Nacht.«

»Ja, schon, Annerl. Aber jetzt kann ich wieder heimgehn. Annerl, hast denn gar kein Einsehn mit mir. Wir können doch nicht ewig so auseinanderlaufen, schließlich bin ich ja kein Franziskanermönch.«

»Ja, ich weiß schon, Mathias, was du meinst.« Sie küßte und streichelte ihn, seufzte auch ein paarmal, bis sie entschlossen sagte. »In Gottsnam, dann komm halt mit rauf. Aber ganz stad, daß uns niemand hört.«

Der Herr Oberst mußte seinen langen Säbel abschnallen und unter die Achsel nehmen, weil der sonst auf den Stufen geklirrt hätte.

In dieser Nacht aber muß es passiert sein, denn Mathias machte sich vierzehn Tage später auf Wohnungssuche, weil er doch Anna nicht allein in der Schande lassen wollte, wie sie es nannte. Er fand dann auch etwas Passendes zu erschwinglichem Preis: für achtzehn Mark Monatsmiete. Küche und Schlafzimmer, mehr brauchten sie vorerst nicht. Beider Erspartes reichte aber nicht ganz für die Einrichtung. Das Schlafzimmer mußten sie auf Abzahlung kaufen, monatlich zehn Mark.

Das Schlimmste von allem war aber, daß Anna kündigen mußte. Frau Amalie war einem Ohnmachtsanfall nahe und verlangte Hoffmannstropfen auf ein Zuckerstückl. Er aber bohrte mit dem Zeigefinger in seinem Westentascherl und nickte düster vor sich hin.

»Ich hab' es ja gleich gewußt, daß es einmal so nausgehen wird. Aber wenn zwei Menschen in ihr Unglück rennen wollen, kann man sie nicht aufhalten.«

»Aber Anna könnte doch wenigstens noch als Zugehfrau zu uns kommen, solange das Kind nicht da ist.«

»Ich werde reden mit ihr und ihr ein Hochzeitsgeschenk versprechen«, meinte Herr Schröttl mit Zuversicht.

Zur Hochzeit trug Mathias einen schwarzen Gehrock und Zylinder und Anna ein silbergraues Kleid, weil es sich nach ihrer Meinung nicht mehr recht schickte, noch in Weiß zu gehn, da sie doch schon im dritten Monat war. Vor dem Standesamt aber hatte sie die Entdeckung gemacht, daß ihr Mathias eigentlich drei Vornamen hatte: Johann, Sebastian, Mathias. Und sie sagte resolut: »Ich werde dich in Zukunft Hans nennen, wenn es dir recht ist.«

Was war ihm nicht alles recht, da er jetzt seine Anna heimführen konnte. Zur Hochzeit bekam diese von ihrer Herrschaft zwei Kaffeetassen. Sie schaute gleich auf die Rückseite, ob es vielleicht Meißener Porzellan wäre. Aber sie stammten nur aus der Nymphenburger Porzellanmanufaktur. Immerhin erhielt Anna dazu die Versicherung, daß vier weitere Tassen nebst der Kanne zu Weihnachten folgen würden, wenn sie zweimal in der Woche zum Waschen und zum Putzen käme.

Mein Gott, wie waren sie doch glücklich, diese beiden bescheidenen Menschen in ihrer kleinen Wohnung. Mathias, jetzt von seiner Frau nur mehr Hans genannt, fühlte sich jetzt schon als Vater und war unermüdlich in der Fürsorge für die Mutter und das kommende Kind. Er schleppte alte Eisenbahnschwellen, die er billig erwerben konnte, in den Keller und verarbeitete sie zu Brennholz. Frau Anna durfte keinen Kübel Wasser mehr vom Gang hereinholen. Er versetzte wieder einmal die goldene Tapferkeitsmedaille seines Vaters und ließ dafür die Wasserleitung vom Gang in die Küche legen.

Diese Medaille mußte noch ein paarmal herhalten, denn er kaufte bei einem Trödler einen bequemen Polsterstuhl, in den er seine Anna hineindrückte. »So, Annerl, da bleibst du jetzt sitzen und schaust zum Fenster hinaus.«

Ja, manchmal vergönnte sie sich jetzt so eine stille Stunde am Fenster. Aber sie strickte dabei Socken für den Mann, Jäckchen und Höschen für das Kind. Zuweilen aber saß sie auch ganz still, hielt die Hände im Schoß gefaltet und betete leise vor sich hin um ein an Leib und Seele gesundes Kind.

Dieses Kind kam im November zur Welt. Es war ein Knabe, der bei der Taufe so gottserbärmlich schrie, daß der Pfarrer danach meinte: »Der schreit sich schon ganz gewaltig ins Leben hinein. Vielleicht wird er gar einmal ein Politiker, weil er gar so plärrt.«

Der Vater aber ging mit stolz geschwellter Brust umher und trat so gewichtig auf, als hätte er doppelte Absätze an seinen Schuhen. In seiner Sorge um seine Familie ließ er nicht nach, im Gegenteil, er zimmerte im Hinterhof einen Hasenstall und begann, Kaninchen zu züchten. Er machte Überstunden, war viel im Keller, sägte Balken und Bretter zu Brennholz, auch für eine Witwe im dritten Stock, die ihm für die Stunde siebzig Pfennige bezahlte, ging kaum einmal ins Wirtshaus und strengte dauernd seinen Kopf an, wie er seiner Anna eine Freude machen könnte. Und es waren viele Freuden, die er zu verschenken hatte an Mutter und Kind. Um Politik kümmerte er sich nicht, weil es ihm um jede freie Stunde leid tat, die er nicht seiner Familie widmete. Für ihn war das Königshaus die höchste Autorität, und so erstaunt es um so mehr, daß er sich eines Tages dazu hinreißen ließ, im Hofgarten sechs weiße Rosen für seine Anna zu stehlen. Er machte dabei nur den Fehler, sich von einem Gendarmen erwischen zu lassen. Nur weil sein Leumund so sauber war, als würde er täglich frisch gewaschen, und weil er noch keinerlei Vorstrafen hatte, bekam er von einem milden Richter nur eine Verwarnung, obwohl der Wachtmeister ihm prophezeit hatte, daß er für jede Rose mindestens einen Tag Haft bekäme, weil es zu den schlimmsten Straftaten gehöre, wenn man einen König bestehle.

»Den König nicht«, entgegnete der Mathias, »nur den Prinzregenten.«

Ein viel strengerer Richter aber war seine Anna. Er mußte am darauffolgenden Sonntag mit ihr in die Frühmesse gehen und beichten. Sie kniete in der Nähe des Beichtstuhls in einer Bank, damit er sie nicht beschummeln konnte. Ganz reumütig kroch er in das hölzerne Gehäuse hinein in der Absicht, nur drei Rosen zuzugeben. In dem Beichtstuhl saß aber zu dieser Zeit weder ein Pfarrer noch ein Kooperator. Und so flüsterte er seine Geständnisse durch das Gitter ins Leere. Natürlich gab er unter diesen Umständen zu, daß es doch sechs Rosen gewesen seien.

Nach einer Weile kam er mit einem leichten Lächeln wieder heraus, machte eine tiefe Kniebeuge und schlüpfte neben Anna in die Kirchenbank. Sie neigte ihr Gesicht zu ihm hin und fragte flüsternd: »Jetzt muß dir doch leichter ums Herz sein?«

»Ja, ganz federleicht.«

»Was hat er dir denn für eine Buße aufgegeben?«

»Für jede Rose ein Vaterunser.«

»Ja, dann ist's schon recht.«

Kurz nach der Wandlung verließ Anna die Kirche und begab sich eiligst nach Hause. Es könnte ja inzwischen ihr Söhnchen aufgewacht sein. Der Mann aber blieb bis zum Schlußsegen, dann ging auch er heim. Fest und sicher setzte er seine Schritte auf das Pflaster und pfiff das Lied vom Wildschütz Jennerwein vor sich hin, das damals schon so populär war wie auch heute noch.

Vielleicht haben es die meisten schon erraten: Dieser herzensgute, arbeitsame, dieser grundehrliche, uneigennützige, gütige Mann, dessen Sinnen und Trachten nur seiner Familie gegolten hat – das war mein Vater Johann Sebastian Mathias Ernst. Er starb mit einundfünfzig Jahren an einem Peter-und-Pauls-Tag an einer Blutvergiftung.

Begegnungen im Park

Zuerst stehe ich eine Weile auf der Brücke, unter der die beiden Bäche zusammenfließen. Der eine stürzt zuerst noch über einen Haufen wirr übereinandergetürmter Felsbrocken, ehe er sich mit dem andern, der ganz ruhig in einem Bogen daherfließt, vereinigt. An dieser Stelle donnert, braust und rauscht das Wasser immerzu.

Unter der Brücke tummeln sich eine Menge Wildenten. Manchmal habe ich mir schon die Mühe gemacht, sie zu zählen. Aber das ist unmöglich. Vierzig oder fünfzig mögen es sein, die da dauernd in Bewegung sind. Wenn jemand im Vorübergehen ein paar Brotkrümel hineinwirft, dann flitzen sie wild durcheinander. Eins will dem andern den Brocken aus dem Schnabel reißen. Das sieht so neckisch aus, so lebensfroh. Aber sicher ist auch Neid dabei und Eifersucht, wenngleich diese halbzahmen Stadtenten sicher keinen Mangel leiden.

Einmal kommt eine Dame daherstolziert mit einem Hut, so groß wie ein Wagenrad. Sie nimmt einen halben Brotlaib aus ihrer großen Stofftasche. Zuerst klopft sie damit auf das Eisengeländer, aber es bricht kein Bröckerl davon ab, so steinhart und alt ist das Brot. Grau und schimmlig sieht es aus. Dann wirft sie es im ganzen ins Wasser hinunter. Die Enten schießen darauf los, lassen aber gleich wieder davon ab und schütteln die schönen Köpfchen, als seien sie beleidigt, daß man ihnen so etwas zumutet. Der Brotklumpen dreht sich noch ein paarmal im Kreis und wird dann fortgeschwemmt. Die Dame aber wundert sich.

»Nanu?« sagt sie. »Ist denn dat de Möglichkeit. Heikel sein se och noch.«

Da weiß man schon, wo sie herstammt.

Weit weg sehe ich noch den Brotklumpen schwimmen, der größeren Schwester Mangfall zu. Die wird ihn an ihren Bruder Inn vermachen, der wiederum an die große Mutter Donau. Vielleicht trägt diese den Brotklumpen dann ins Schwarze Meer hinein, wenn er inzwischen nicht zerweicht oder von einem Donauhecht verschluckt worden ist.

Eine Weile noch sehe ich den Entlein zu, dann beginne ich meine Wanderung durch den Park. Im Pavillon spielt die Kurkapelle gerade die Ungarische Rhapsodie. Vollendet, soweit ich es beurteilen kann.

Auf der Terrasse sitzen unter Sonnenschirmen gutgekleidete Menschen, trinken Kaffe oder essen Eis. Das werde ich später auch tun, nehme ich mir vor. Zuerst will ich noch ein wenig gehen, denn dies sei gesund, sagen die Ärzte immer, obwohl sie ihre Ratschläge am wenigsten beachten.

Schließlich setze ich mich auf eine der rotgestrichenen Bänke, verschränke die Arme hinter der Banklehne und lasse die Leute an mir vorbeischlendern. Manche gehen mühsam, mit verbissenem Gesicht. Die Moorpackungen haben scheinbar ihre Wirkung an ihnen noch nicht getan. Manche wieder bemühen sich, aufrecht zu gehen. Junge Mädchen huschen vorbei und wackeln dabei kokett mit dem Hinterteil. In dreißig oder vierzig Jahren werden vielleicht auch sie humpeln und über Arthrose jammern.

Es dauert nicht lange, da sehe ich ein altes Ehepaar, ländlich gekleidet, auf meine Bank zukommen. Er trägt eine Lederbundhose und graue Wadenstrümpfe mit Haferlschuhen, sie ein altmodisches Dirndlgewand. Der graue Haarschopf sieht aus, als habe man ihr einen Leberknödel in den Nacken geklebt. Man sieht es gleich, Kurgäste sind die beiden nicht, eher vom Leben und harter Arbeit abgeschundene Einheimische, die gerade vom Einkaufen kommen, denn die Frau trägt eine weiße Plastiktasche mit dem Aufdruck einer der als billig bekannten Handelskette.

»Ist's erlaubt?« fragte die Frau schüchtern.

»Aber freilich«, sage ich und rücke ein wenig.

Die Frau ächzt ein bißchen beim Niedersitzen und meint dann: »Ah, tuat des Rast'n jetzt guat.«

Er sagt nichts, schiebt nur sein grünes Hütl mit der Feder ein wenig aus der Stirn und schaut zu den Sonnenschirmen auf der Terrasse hinüber. Einmal seufzt er auch, als er da drüben einen Ober mit einem Tablett voller gefüllter Biergläser rennen sieht.

»Jetzt wär' a Halbe recht«, meint er.

»Dahoam ham mir's aba billiger«, sagt die Frau und jammert wieder über ihre Füße. »So weh ham mir d'Füaß scho lang nimma to.«

»Du solltst dir's hoid a öfter einreib'n, Resl.«

»Mei, wos hülft denn do des ganze Einreib'n. San hoid alte Füaß.«

»Und host amoi a so laffa kinna.«

»Ja, wiare jung war.«

»Do bist mir nochglaufa wie a Hunderl.«

»Oder du mir. Wann du mein Kittl bloß von weitem g'sehn host, dann bist scho grennt.«

Jetzt werden sie gleich anfangen zu streiten, denke ich mir, wer von ihnen am besten hat laufen können. Aber ganz im Gegenteil. Sie lachen sich erinnerungsselig gegenseitig an, und der Mann pufft sein Weiberl mit der Faust ganz leicht gegen die Achsel.

Eine Weile herrscht dann Schweigen. Die Frau hält den Kopf ein wenig schief, als lausche sie andächtig den Klängen der Kurkapelle, die gerade den Schneewalzer spielt. Er rückt sein Hütl wieder zurecht und summt die Melodie mit. Ich beobachte die beiden mit stillem Vergnügen, bis ihr dann plötzlich einfällt. »Beim Loidl-Metzger hob i Leber- und Blutwürscht ogschrieb'n g'sehn. Mogst heid auf d'Nacht oa, Sepp?«

»Wannsd a Kraut dazua host.«

»Do is vo Mittag no oans da.«

Der Sepp nickt und wischt sich ein Nasentröpferl weg. Die Frau wendet sich jetzt mir zu.

»Mög'n Sie auch Leber- und Bluatwürst gern?«

»O ja, sehr gern sogar.«

»Des Oafache is oiwei das Beste und G'sündeste. Oft gibt's bei uns auf d' Nacht auch a aufgschmalzne Brotsuppen oder a gstöckelte Milch mit Kartoffeln. Wissen S', wenn ma alt ist, braucht ma nimma so vui. De Renten müßten halt ein bisserl höher sein.«

»Geh, des interessiert doch den Herrn net. Entschuldigen S' scho, der Herr, aber mei Alte, wenn 's amoi 's Reden ofangt, dann is sie nimmer zum Bremsen.«

»Aber das macht doch nichts«, sage ich belustigt. »Mich interessiert das sogar sehr.«

Und so erfahre ich aus dem Munde der Frau, daß ihr Sepp einmal Fuhrknecht in Maxlrain gewesen ist und sie Stallmagd. Daß sie eine Tochter haben, die in Rosenheim mit einem Bahnbeamten verheiratet ist und drei Kinder hat.

»Jetzt brauchst bloß noch sag'n, daß die Fanny scho wieda schwanger is«, unterbrach sie der Mann.

»Jawohl, des viert kommt jetzt. Drum könn s' heuer auch net in Urlaub fahr'n. Wia hoaßt des glei' wieder, Sepp, wo sie voriges Jahr hing'flogen san?«

»Mallorca.«

»Ja, so hoaßts. Mallorca. Mir hab'n früher nia oan Tag Urlaub g'habt. Aba es is hoid jetzt a ganz andere Zeit. I steiget zwar um koan Preis in so a Flugzeug ein. Wenn 's runterfallt, dann bist hin.«

»Mei' so wär's allweil. Wia 's halt an Mensch'n aufgsetzt is.«

»Wenn s' in Urlaub fahrn, die Fanny und ihr Mo, dann stelln sie die Kinder bei uns ein. Und an de Enklkinda, do hängt ma glei ärger dro als wia an de eignen Kinder. Gib 's doch zua, Sepp, am kleinen Micherl, da hast du direkt an Narr'n gfressen.«

»Er is auch a liaba Kerl, und er erinnert mich allweil an unsern Anderl.«

»Ach, einen Sohn haben Sie auch?« frage ich.

»Ja, aber der is beim Barras in Reichenhall. Er hat sich gleich auf zwölf Jahr verpflichtet. Wos Bessers hätt' er gor net toa kenna. Do hod er sei' Ordnung, werd nia arbeitslos und kimmt allweil sauber daher.«

»Und d' Hax'n reißt er sich auch grad net aus«, ergänzt der Sepp.

»Manchmoi, wenn er übers Wochenend hoamkimmt, dann nimmt er uns sonntags mit, in seinem Waudi.«

»Audi, net Waudi«, verbessert der Sepp.

»Das letztemal war'n wir am Spitzingsee droben.«

»Ja, wia d' nacha beim Hoamfahrn brecha host müass'n.«

»Da muaß mir der Fisch net taugt hab'n im Hotel. Dabei ham de da ganz schöne Preise.«

»Du suachst dir aber auch allweil des Teuerste raus, wos auf da Kart'n steht.«

»De ham ja gar nix Billiges drauf. Höchstens a Lüngerl mit Knödl. Aba des koch ich mir liaba selber, do woaß i wenigstens, wos drin ist. Und außerdem, des muaßt ja selber sag'n, Sepp, da Bua, unser Schorschl, der benzt ja dauernd in mich eine. Suach dir nur wos Guats aussa, Mutta, sogt er allweil. Der Preis spuit gor koa Rolle. Und für uns reut eahm überhaupt nix. Is scho a guata Bua, unser Schorschl.«

»Des hod er vo mir«, nimmt der Sepp für sich in Anspruch.

Vom Turm der Sebastianskirche schlägt es halb sechs Uhr. Die Musik hat aufgehört zu spielen. Es ist stiller geworden, das Rauschen des Wassers ist jetzt deutlicher zu hören.

»I glaub', mir müass'n jetzt aufbrecha, sonst sperrn s' beim Metzger zua«, meint der Sepp.

»Wia d' moanst, Sepp.«

Beide rappeln sich auf. Die Frau wendet sich noch mal an mich: »Oiso, nix für unguat, der Herr.«

»Im Gegenteil, es hat mich sehr gefreut.«

Sie führen sich an den Händen wie Kinder. Dieser Sepp hat noch den weiten, zügigen Fuhrknechtsschritt, sein Reserl trippelt neben ihm her. Ich schaue ihnen nach, bis sie weiter vorne um eine Biegung verschwinden. Aber damit ist die Begegnung für mich noch nicht zu Ende, ich schicke meine Gedanken hinter ihnen her. Obwohl selber nicht mehr ganz jung, unterhalte ich mich immer gerne mit alten Menschen. Es geht ein bißchen Weisheit von ihnen aus, Erkenntnisse aus einem langen Leben, die reine Wahrheit offenbaren sie dir, und sie prahlen nicht. Dieser Sepp und seine Resl, sie hätten mir auch etwas vorlügen können von einem großen Hof vielleicht, von einem weiten Wiesenhang, auf dem ihre Kühe weiden. Nein, Fuhrknecht ist er einmal gewesen und sie Stallmagd. Und es war mir gerade so, als seien sie froh und stolz darauf gewesen. Und es ist mir auch nicht unbekannt, wie glücklich so alte Menschen sein können, wenn sie einmal ein paar Seiten ihres Lebensbuches aufblättern dürfen und nichts von dem belächelt wird, was so drängend aus ihren Herzen quillt.

Hinter dem Park fährt ein Zug vorüber. Es ist der Feierabendzug von Rosenheim nach Holzkirchen. Danach herrscht wieder Stille, und ich nehme mir vor, nun ebenfalls heimzugehen. Aber als ich mich gerade erheben will, kommt ein junges Mädchen auf meine Bank zu. Sie ist groß und schlank gewachsen, hat wunderschönes Blondhaar und dunkle Augen. Ein Geschöpf, wie sich's der liebe Gott vielleicht gedacht hat, als er dem Adam die Rippe genommen hat, um für ihn ein Weib zurechtzumachen. Adam wird dabei wohl ganz tief geschlafen haben, sonst hätte er ja so einen Eingriff in seinen Körper gar nicht aushalten können. Es steht aber nirgends etwas Genaueres darüber geschrieben. Vielleicht hätte es der Fuhrknecht gewußt, oder sein Reserl.

»Gestatten Sie?« fragt das Mädchen mit einer etwas dunkel klingenden Stimme.

Wieso hätte ich nicht gestatten sollen? Die Bank gehört ja nicht mir. Aber warum mußte es ausgerechnet meine Bank sein?

Es berührt mich angenehm, daß sie auch wirklich wie ein Mädchen gekleidet ist und ihre schlanken Beine nicht in so enge Röhrenhosen hineingezwängt hat. Ich weiß ja nicht, ob diese engen Hosen bloß eine vorübergehende Mode sind, oder ob die Mädchen sie etwa anziehen, damit man ihre Krampfadern nicht sieht.

Dieses Mädchen jedenfalls hat einen weißen Faltenrock an und eine hellblaue, kurzärmlige Bluse dazu.

Ich wollte eigentlich heimgehen, jetzt bleib ich aber sitzen, weil mir einfällt, es könnte womöglich unhöflich sein, wenn ich jetzt einfach aufstehe.

Sie setzt sich und schlägt die Beine übereinander. Dabei rutscht ihr der Rock ein bißchen über die Knie. Oh, diese Beine. Wunderschöne, schlanke, doch keineswegs knochige Waden, runde Knie und . . . Mehr denke ich wirklich nicht, denn wenn über einen schon der Abend gekommen ist, kommen einem solche Gedanken nicht mehr so schnell. Früher, ja früher, als man noch im jugendlichen Morgenrot gestanden hat, da hat man schon über die Fortsetzung solcher Beine hinausgedacht.

Ja, früher. Beinahe hätte ich geseufzt.

Sie nimmt jetzt ein Buch aus ihrer ziemlich großen Handtasche und schlägt es auf. »Was wird sie denn lesen?« frage ich mich. Eigentlich sollte mir der Umschlag bekannt vorkommen. Ich beuge mich ein wenig vor, um den Buchtitel erkennen zu können. »Die Lena« heißt er. Ich richte mich wieder auf, lehne mich weit zurück und schließe die Augen. Nicht Böll liest sie, nicht Grass und auch nicht Simmel oder Konsalik. Nein, auf mich hatte sie es abgesehn. Meine Lena liest sie, deren Schicksal ich erst ein Jahr zuvor niedergeschrieben habe. Und ich entsinne mich wieder, wieviel Mühe mir diese Lena gemacht hat, bis ich ihr Blut und Leben habe einhauchen können, bis sie dann ganz mein Geschöpf geworden ist, vorerst nur mir allein gehörig, im Wachen und im Träumen, bis sie dann nach einer gewissen Zeit in den Buchläden gestanden hat, allen verkäuflich für achtzehn Mark achtzig.

Hab Dank, du wunderschönes, blutjunges Menschenkind, daß du ein solches Buch – mein Buch – in deinen schlanken Händen hältst. Sie liest mit sichtlicher Hingabe. Ich beobachte jetzt ihr Gesicht ganz genau. Manchmal lächelt sie still vor sich hin, dann zieht sie einmal die Stirne ein bißchen kraus, um dann einmal ganz tief und schwer zu seufzen. Aha, denke ich, jetzt wird sie an der Stelle sein, wo man die Lena im Krankenhaus abweist.

Das alles empfinde ich in einer stillen, beglückenden Weise. Ich habe ein Herz bewegen können, fährt es mir durch den Sinn. Ja, die Herzen bewegen können, das ist doch eine der schönsten Aufgaben für einen Schriftsteller. Es wäre schrecklich für mich, wenn das Mädchen gähnen würde. Ich erschrecke jetzt fast ein wenig, als sie das Buch weglegt. Sie verschränkt die Hände über den Knien und schaut hinauf zum Laub der Bäume, das jetzt im Abendwind leise zu flüstern beginnt.

»Nicht zufrieden mit der Lektüre?« frage ich mit banger Neugier.

Sie schaut mich an, nur flüchtig und abschätzend, als überlege sie, ob es sich überhaupt lohnt, mit mir über Literatur zu reden.

»Doch, sehr sogar«, antwortet sie dann und streicht sich mit der Hand über die Stirne. »Ich denke jetzt nur darüber nach, wie es möglich ist, daß ein Mann sich so tief in das Seelenleben einer Frau hineindenken kann. Oder ob das alles nur Phantasie ist?«

»Warum soll ein Mann sich nicht mit dem Innenleben einer Frau beschäftigen? Ich meine, für einen Schriftsteller ist das die erste Voraussetzung. Mit Phantasie allein kann man kein Herz ansprechen.«

»Ja, das denke ich mir auch.« Sie deutete mit dem Zeigefinger auf meinen Namen auf dem Buch. »Aber der da, der hat es los. Ist Ihnen dieser Autor bekannt?«

»Flüchtig, ja.«

Sie schaut wieder eine Weile zu den Bäumen hinauf, verfolgt mit leuchtenden Augen ein Eichkätzchen, das sich durch die Äste schwingt, und wendet sich mir wieder zu.

»Manchmal denke ich darüber nach, was doch die Schriftsteller für eigenartige Menschen sein müssen. Tun sie das eigentlich nur für Geld?«

»Was meinen Sie?«

»Daß sie einfach so schreiben, weil sie dafür viel Geld kriegen.«

»Das glaube ich weniger. Ich habe flüchtig einmal einen gekannt, der hat geschrieben, weil er Hunger hatte.«

»Ach, Sie meinen Hamsun?«

»Was? Den kennen Sie auch? Sie scheinen sehr belesen zu sein, liebes Fräulein. Meine Hochachtung. Aber ich denke, so wie Sie meinen, daß sich einfach einer hinsetzt und schreibt, nur um des Geldes willen, so wird es nicht sein. Er muß ja zunächst einmal schreiben können, er muß sich prüfen und viel Geduld haben, um darauf zu warten, ob der liebe Gott ihm überhaupt die Gnade geschenkt hat, Dichter zu werden, oder ob vielleicht die Begabung eines längst vergangenen Ahnen in ihm wiederauflebt.«

»Das haben Sie schön gesagt«, meint sie und steckt die Lena wieder in ihre Handtasche. Dann sieht sie mich wieder an. »Sind Sie vielleicht vom Fach, weil Sie sich so gut auskennen? Sind Sie vielleicht Buchhändler, Bibliothekar oder so was?«

»Muß man das unbedingt sein?«

»Zumindest lesen Sie auch sehr viel.«

Ich mußte lächeln, denn es wird kaum jemand so wenig zum Lesen kommen wie ich. Früher einmal, da habe ich viel gelesen, alles eigentlich, was mir in die Hände kam. Jetzt reicht es abends im Bett höchstens noch für ein paar Seiten, dann fallen mir die Augen zu.

Als ob dieses fremde Mädchen meine Gedanken erraten hätte, sagt es, indem es auf seine Handtasche deutet, in dem meine Lena verschwunden ist: »Dem da hab' ich schon ganze Nächte geopfert. Man kann einfach nicht mehr aufhören, wenn man einmal anfängt.«

Mir war, als streichle jemand ganz sacht über mein Herz hin, und ich denke dabei: Wenn ich noch jünger wär', Mädchen, dir würde ich auch gerne ein paar Nächte opfern.

So aber kann ich nur wieder seufzen und dem

Seufzer ein Lächeln hinterherschicken. Wir wären jetzt ganz sicher noch in ein recht anregendes Gespräch gekommen, und vielleicht hätte ich sogar mein Inkognito lüften müssen, obwohl ich das wirklich nicht gerne tu, wenn in diesem Augenblick nicht ein junger Mann dahergekommen wäre. Ziemlich eilig kommt er daher und spielt ein wenig aufgeregt mit den Autoschlüsseln in seinen Fingern.

»Entschuldige Beate, wir hatten heute ein wenig länger zu tun im Büro.«

»Macht nichts, Gerhard.« Das Mädchen schaut auf seine Uhr. »Viertel nach sechs schon.«

Der junge Mann sieht gut aus in der hellen Flanellhose und dem weißen, am Hals offenstehenden Hemd. Er spielt immer noch mit den Autoschlüsseln, eine Art des Angebens bei jungen Männern, die zeigen wollen, daß sie bereits einen Wagen besitzen.

»Nun mach doch schon, Beate.«

»Eigentlich schade. Ich habe mich gerade mit dem Herrn so gut unterhalten.«

Er mißt mich mit einem abschätzenden Blick. »So? Über was denn?«

»Über Literatur.«

»Ach ja, das ist ja dein Faible. Wenn alle soviel Bücher lesen würden wie du, dann würden diese Herrn Schriftsteller alle dick und fett. Die Burschen verdienen ja Hunderttausende mit ihren Büchern.«

Da schau her, denke ich, und es fällt mir mein letzter Steuerbescheid ein, der ganz schön saftig war.

»Wo hast du denn den Wagen stehn?« fragt jetzt das Mädchen und beginnt plötzlich noch mal in seiner Handtasche zu kramen. »Wo fahren wir denn hin?«

»Ich denke in Richtung Feilnbach. Ein bißchen Sauerstoff tanken im Wald.«

Das Mädchen schließt die Handtasche wieder und blickt zu ihm auf. »Es tut mir leid, Gerhard. Wir müssen noch bei mir zu Hause vorbeifahren. Ich habe etwas vergessen.«

»Also gut, aber dann komm endlich.«

Das Mädchen steht auf, nickt mir freundlich zu und sagt auf Wiedersehen. Dann hängt sie sich bei ihrem Gerhard ein. Sie gehen schnell davon.

So, so, denke ich. Sauerstofftanken nennt man das jetzt. In meiner Jugend haben wir nie von Sauerstoff geredet. In den Wald wollen sie also. Die Beeren sind zwar noch nicht reif, aber das Moos ist warm und es duftet ringsum nach Fichten und Laub.

Aber was wird diese Beate denn zu Hause vergessen haben? Ich kenn' mich da nicht so aus. Aber ihr Mädchen, ihr könnt es euch sicher denken.

Dann mach' auch ich mich auf den Heimweg, denn es will Abend werden.

3. Auflage
© 2001 Rosenheimer Verlagshaus GmbH & Co. KG, Rosenheim
Titelfoto: Michael Wolf, München
Druck und Bindung: Wiener Verlag, Himberg bei Wien
Printed in Austria

3-475-53127-5